日本禪宗大師
澤木興道的生活哲學

致你

TO YOU

Zen Sayings of Kōdō Sawaki

澤木興道 著　林佩瑩 譯

導讀

「坐禪一無是處」——澤木興道禪師的禪法

澤木興道禪師（一八八〇～一九六五）是一位非常特別的佛教人物，自一九二〇年代開始活躍於日本昭和時期（一九二六～一九八九），對於日本禪宗的現代發展，扮演了重要的角色，而他之所以如此獨樹一幟，原因很可能與他特殊的人生經歷有很大關聯。關於他的生平傳記，更詳細的敘述可參閱本書所收錄之內山興正禪師所作的序文，此處僅補充幾件特別值得思維之事。

首先，興道禪師幼年坎坷，七歲失去雙親後，因領養他的父母之緣故而與特種行業共居，在這種複雜的環境下生活，看盡了社會的黑暗面，因此青年時期便決意出家。十六歲時逃家，最終走到日本福井縣的永平寺。此寺院正是日本曹洞宗的總本山，由道元禪師（一二〇〇～一二五三）創建於寬元二年（一二四四年），從此他也就和道元禪師的禪法結下深刻的法緣，即便後來興道禪師遊歷各方道場，和不同宗門的高僧學習佛法，最令他傾心者始終為其不變初衷，即道元禪師之「只管打坐」的禪法。二十歲剃度為僧，隨即便遇見笛岡凌雲（一八四五～一九二三）禪師。興道禪師見到凌雲禪師，就彷彿親眼見到道元禪師重現，因而更加深化他對於曹洞宗門的信心，而這段時間的學習也奠定了興道禪師日後禪坐所需的典籍知識。較為不幸的是，處於時代的洪流之中，興道禪師隨後經歷了六年的從軍生涯，中斷了僧人的身分，待戰爭結束，才又再度回歸佛門。在興道禪師後期的談話當中，包含本書所收錄之語錄，每每提及戰爭之處，他總是對於人們互相征伐的行為嘲諷不已，想必是經歷戰爭後的興道禪師發自內心深深的感慨。

興道禪師對於禪修的篤行深厚，因此他說自己是一個「將一生浪費在坐禪的人」，他經常表述自己「僅僅是坐禪」、「坐禪一無是處」。而這樣的禪法便是承襲自其宗祖，即道元禪師所教導的「只管打坐」，也作「祇管打坐」。永平道元禪師於宋朝時代到中國求法，在天童寺如淨禪師（一一六三～一二二八）座下學禪，承繼曹洞宗法脈。道元禪師回到日本後，在福井縣創立永平寺，成為日本曹洞宗的總本山。此時，道元禪師既將曹洞宗「默照禪」傳到日本，又開創「只管打坐」的獨特門風，因此後者成為日本曹洞宗的特色。

道元禪師所教導的「只管打坐」，意指一心專意坐禪，不管任何其它事物，也不管坐禪有何意義，從「無所得、無所悟」之基礎上坐禪。這樣的立場，確實是根據先前的禪宗祖師大德所傳授，這樣的思想在禪宗文集中可找得到，例如《禪關策進》所言：「不管得力不得力，昏散不昏散，只管提撕去。」（此亦收錄在道元《正法眼藏》）；又如道元在《正法眼藏》中所道：「先師古佛云：參禪者，身心脫落也。只管打坐始得，不要燒香、禮拜、念佛、修懺、看經。」一如上述這段引文的意思是，坐禪並不需要使用公案、念佛、經典、觀想、真言來作為打坐的輔具，就僅僅只是坐禪。這樣的主張有別於「公案禪」或其他宗派的禪修方法。同時，道元禪師還有一個重要主張是，修禪者不可為自己的名利而學道，亦不為成佛而坐禪；道元主張，應該僅僅為此身、此心而專注坐禪，一心一意的坐禪，如此才能實踐「無所得、無所悟」的立場。

願意將生命全部花費在坐禪上的興道禪師，必定是一位深處禪悅的禪師，但他並沒有耽於禪悅而避居山林，相反地，興道禪師是一位獨具魅力的講法者。由於他很年輕便開始在曹洞宗的寺院中指導僧眾打坐，並且也教授道元禪師的重要著作典籍，如《正法眼藏》、《普勸坐禪儀》、《學道用心集》等等。於五十六歲時，他又被東京的駒澤大學聘請為教授，在大學中教課。也許由於很早便開始練習佈道，又因熟稔禪宗之經教典籍，他的談話內容很有深度，不時引經據典；另一方面，更為難得的是，他又能極度幽默地以日常生活觀察得到的例子應用至佛法的教學之中。這使得他的言語既銳利又親和，既讓人莞爾一笑又發人深省。

這位充滿行動力，頻頻受邀而遊歷四處、講法傳道的禪師，被稱為「無家的興道」。而他對於訓練弟子的熱忱以及遠見，使得他培育了非常重要的弟子們，甚至將佛法傳播至歐洲大陸以及英美等國。留在日本為他繼續弘揚佛法，並整理興道禪師的語錄和傳記者，有酒井得元（一九一二～一九九六）、內山興正（一九一二～一九九八）等弟子。而於興道禪師逝世前，承接法嗣，並遵奉興道禪師臨終之囑咐，將曹洞禪法傳播至歐洲的是弟子丸泰仙（一九一四～一九八二）。

丸泰仙於一九六六年抵達法國後，先在巴黎一個倉庫裡落腳，為間歇來訪的訪客說法，其餘時間則坐禪，漸漸吸引了定期來學習禪修的學生，在巴黎成立第一座道場，並且於一九六七年接任日本海外布教之重要職責「歐洲開教總監」。其在歐洲弘法的十五年間，培育了重要的學生們，包含法國弟子菲利普．庫沛（Phillippe Coupey），以及美國弟子羅伯特．利維頓（Robert Livingston），他們各自以法語、英語教導與翻譯丸泰仙所教的禪修方法。丸泰仙所創立之位於法國羅亞爾河谷的國際禪寺（Zen Temple La Gendronnière, the Loire valley）是座美麗的禪修中心，至今仍生氣蓬勃地運作著，定期舉辦禪修營。可以說，丸泰仙禪師門下的弟子，不僅使興道禪師教導的「只管打坐」法門開花結果，對於今日歐美的曹洞宗坐禪者也具有深刻影響，使曹洞宗的法脈延續至歐美。

興道禪師在日本的道場，即是他自己於一九四九年時重新整頓其師丘宗潭（一八六〇～一九二一）禪師所創建的安泰寺，由於戰爭而荒廢多年的安泰寺原位於京都洛北，其後因鑑於京都都市發展日益擁擠之考量，自一九七六年從京都遷至兵庫縣，今日的安泰寺傍山面海，奉行著百丈懷海禪師「一日不作、一日不食」叢林宗風，是一座自給自足的禪寺。在極度簡樸的物質條件下，一年四季皆以坐禪為其修行要旨，持續吸引著嚮往禪修生活、來自世界各地的人們前往進行短期或長期的修行。本書英文版的譯者之一無方禪師（Muhō-Nölke）便是青年時期自德國來到安泰寺禪修，而後在此出家成為曹洞僧人，並擔任前方丈，一直至中村惠光尼於二〇二〇年接任住持角色。安泰寺的禪風已為國際知曉，除了歸因於無方禪師等弟子孜孜不倦將禪坐法門翻譯成歐美語言，也有德國導演前來拍攝了一整年之紀錄片，在二〇一六年上映於劇院，以及二〇二一年日本NHK拍攝之紀錄片已放映於電視。相較於歐美，華語圈對於興道禪師門下所知似乎較為稀薄，仍有許多尚待開發之處。

綜觀澤木興道禪師的身教及言教，以及其留給弟子的遺命，具有很深刻的時代意義。他的生命歷程始自苦難的開端，而終於枝葉繁茂的豐碩之果；他將道元禪師的禪法再次振興於戰後的日本，並且傳播至海外。而當讀者閱讀完此書，慢慢品味過他的語錄，便能體會，那令人深深咀嚼、極願一看再看的，並不是華麗誇張的語句，而是樸實無華的、卻再正確不過的觀察。道元禪師和興道禪師所強調的「坐禪沒有任何好處」，又如何能吸引現代人？任何有好處之事，也許皆是一物易一物，唯有「沒有任何好處」者，既無法設定目標，也無法期待，完全沒有辦法被替代，所謂的「一無是處」，才是無價之寶。

林佩瑩
本書譯者．國立政治大學宗教研究所助理教授

引言

一、澤木興道禪師尊崇行儀的緣起

距離禪宗世界的導師人物澤木老師逝世已經二十多年了，他從一九二〇年代直至一九六五年一直很活躍。即使在今天，我們還可以感受到他對社會的巨大影響力。然而，他出生當時的條件，卻是我們難以想像的困難與貧困。

澤木興道禪師於一八八〇年出生於日本三重縣。當時由於日本正進行政治上的改革，新的國家體制仍缺乏穩固的基礎，在這樣動盪不安的年代，澤木老師四歲時母親去世了，接著在他七歲時，父親也突然去世了，家裡兄妹四人於是被分給了不同的親戚，有些則成為童僕。澤木老師小時候的俗名是才吉。他先是被接去叔叔小澤芳太郎的家，但這位叔叔很不幸在半年後也去世了。於是，澤木老師又被名為澤木文吉的繼父所領養，他的繼父白天在三重縣一身田町做紙燈籠的生意，但實際上是靠賭博賺錢。

才吉就在這裡度過他四年的小學時光。由於他較晚才就學，因此一直到十二歲才畢業，期間一直被繼父母當成小童僕般差使。才吉平日穿梭在營業廳裡賣年糕、替客人們留意涼鞋，因此深刻了解賭徒們的世界。有一次，他親眼目睹一個五十歲的男人召了一個十八歲的妓女後，突然死於心臟病發作，第二天早上，妻子進來後大哭，說：「他即使死了，也要使我難堪——而且還是在這種地方！」

所以當才吉還是小男孩的時候，就已經歷過複雜世界不為人知的種種情境。他小學畢業不久後，有一天，大約七十名幫派在爭奪彼此領域的邊界，發生了一場血腥爭鬥。到了晚上，才吉的繼父必須接下一個吃力不討好的工作，就是在成群結黨的幫派分子之間替雙方傳遞消息。但繼父嚇得渾身發抖，無法完成使命，才吉於是自願代替他。那天半夜，大雨傾瀉而下，才吉穿越幫派血戰的現場，替雙方重新建立聯繫，而當時兩邊人馬距離長達十公里。從那晚之後，他的繼父開始敬畏他了，不再毆打他。

雖然澤木老師是在這樣的環境下長大，所幸，當時仍有其他好的榜樣讓他學習，也就是森田宗七一家人。森田家住在破舊的倉庫裡，勉強維持著生計。家中父親森田宗靠著黏補書法卷紙維生，兒子則學習日本傳統繪畫。澤木老師被他們吸引住了，這家人，雖然處在最貧困的條件，卻保有一些非常純粹的東西。於是才吉開始經常在森田家出現。他向森田家的父親學習中國和日本的古代歷史、文學。而且他瞭解到，原來生活中有些事情比金錢、地位和名譽更重要。後來，據澤木老師自己說，這個時期是他的「萌芽期」，讓他在生命後期結出了成熟的果實。

小學畢業後，澤木老師接手了紙燈籠生意，因為這樣才有能力奉養他那對享樂主義的繼父母（他的繼母曾經是妓女）。然而，漸漸地，澤木老師開始對自己的生活產生了不同方向的想法，他開始懷疑，這樣的生活目標是否是對的？工作難道只是為了以後要結婚、養家糊口？儘管當時他還未能透徹理清所有道理，卻很清楚自己嚮往著求道之路。

於是他開始逃家。他第一次逃家時，逃到大阪一個親戚家。那次逃跑並不成功，因為他的養父母又把他抓了回去。第二次，他決定跑得遠遠的，遠到永遠沒人能再抓住他。

十六歲的澤木老師，肩上扛三斤大米，口袋裡裝著二十七分錢，帶著一盞燈步行前往福井永平寺，在漫長的旅途中餓了就嚼著生米。結果，永平寺由於不願意被逃家者所騷擾，因此拒絕讓他進入寺院。經過了兩天兩夜，澤木老師不吃不喝在門前等著，只希望他的請求能被聽見：「讓我出家為僧吧！或者，讓我死在永平寺的門前。」最後，他被收留在永平寺男眾做事部屋裡打雜。後來，又到永平寺的一位維那和尚的寺院——龍雲寺——裡幫忙。

有一天，澤木老師因為有了整天的休假時間，於是決定在自己的房間裡打坐。偶然間，一位經常在寺廟幫忙的年長信徒走進了他的房間，突然恭敬地向他鞠躬，就好像他是佛陀本人一樣。但這位老婆婆平時只把他當作跑腿的男孩一樣使喚。所以他很疑惑，究竟是什麼原因讓這位老婆婆如此恭敬地向他鞠躬呢？這是澤木老師第一次意識到禪坐的姿勢具有的高貴性，因此他下定決心要終生修行。晚年的澤木老師常說，他是一個把一生都浪費在坐禪上的人。這種生活志向的起始點，就源自這個早期的事件。

由於各種因緣，澤木老師出家為僧的願望終於得以實現了，就在遙遠的熊本縣的天草宗心寺。十九歲時，他以見習僧的身分進入兵庫縣的圓通寺，但只停留了兩個星期而已，然後又被送到另一座寺廟，在那裡，他遇到了笛岡凌雲方丈。他們深深瞭解彼此，於是澤木決定跟隨他修行。

笛岡禪師曾在明治時代（西元一八六八～一九一二年）跟隨著名的大禪師西有穆山座下學習多年。在一起的時間越長，澤木老師就越被他直率的性格所吸引。澤木老師聽取了笛岡禪師關於《學道用心集》、《永平清規》、《坐禪用心記不能語》的講道，這些經驗也構成了澤木老師後來「只管打坐」的修行基礎。[1]

之後，澤木老師在日俄戰爭（一九〇四年爆發）中被徵召入伍，並獲得了金質獎章。一九〇六年，澤木老師二十六歲時回到了日本。戰爭結束後，他以較高齡的身分在家鄉的佛學院學習，之後轉入奈良的法隆寺，在貫首佐伯定胤僧正的指導下，學習唯識法相思想。

三十四歲時，在獲得佛學的基礎知識後，澤木老師開始獨自在奈良一座空蕩蕩的斑鳩町成福寺裡，從早到晚打坐。在這裡，「只管打坐」的原則可以說穿透了他的血肉之軀。一九一六年，澤木老師三十六歲，丘宗潭老師[2]邀請他到熊本市大慈寺僧堂成為僧人們的老師。丘宗潭老師辭世後，澤木老師

1 譯註：「只管打坐」是道元禪師和澤木禪師教導的修行方式之關鍵。本質上，它只是一心一意地以坐禪的姿勢坐著。雖然有時也稱之為打坐，但它與其他打坐的區別在於，「只管打坐」沒有冥想或專注的對象（舉凡其他宗派會使用的真言咒語、觀想、公案等），而且此種禪修沒有任何需要達成的目標。

2 譯註：丘宗潭（Oka Sōtan，一八六〇～一九二一年），曹洞宗禪師，於一九二一年創建安泰寺。

開始獨居在熊本的萬日山，以此地為據點，他開始遊歷日本各地，進行坐禪的指導和講學。五十五歲時，他被任命為駒澤大學教授，同時成為曹洞宗兩大主要寺廟之一的總持寺之護堂[3]。澤木老師最活躍的時期由此開始。

當時，人們說「禪」的意義大多是指臨濟宗的公案禪，但澤木老師則完全專注於道元禪師傳授的只管打坐。縱觀日本佛教史，我們無法忽視的是，澤木老師是我們這個時代中第一個以這種純粹的形式重新導入「只管打坐」法門，並將其復興為與公案禪同樣重要的人。

此外，也因為澤木老師從來沒有住過自己的廟宇，也沒有寫過任何著作，所以人們開始稱他為「無家的興道」[4]。然而，一九六三年，他的雙腿越來越虛弱，不得不放棄旅行了。於是他隱退到安泰寺，直到一九六五年去世，

3 譯註：護堂（godō），即寺院中的主要講授佛教教義者。
4 譯註：也另有一稱為「移動叢林」。

享年八十五歲。

二、關於本書

一九四一年十二月八日，即日美太平洋戰爭爆發之日，我（內山興正）出家為僧。隨後我跟隨澤木老師整整二十四個年頭，直到他於一九六五年十二月二十一日去世。不得不承認的是，我的老師總是在旅行，但他仍然每個月花大約一週時間和他的學生們一起修行，並為我們講解佛法。

在他的佛法開示時，為了我自己的修行，我以筆記下了那些我覺得對學習佛法特別重要的金句格言。隨著歲月流逝，筆記的數量也越來越多。在我看來，這些筆記如果只是存在我的私人筆記本裡，實在是很可惜也很浪費。於是我開始在月刊上發表。因此本書中許多澤木老師的格言，其實都是首先出現在月刊上的。在他去世多年以後，一家出版社非常有意願將它們重新出版，這也正好是我的願望。

然而，我年事已高，不得不放棄整理這些大量的、碎片般的語錄，以及出版它們的任務。於是我把工作交給我的徒弟櫛谷宗則，他已經跟隨我十七年，日夜照顧我，就像我以前照顧澤木老師一樣。櫛谷宗則非常高興地接下了這項任務，並開始鑽研自己的師祖澤木老師的語錄。

對於這些語錄文字的編排，讀者應該會注意到櫛谷宗則是以年輕、現代的手法進行的。他將語錄內容分類成不同章節，且所有章節都以「致……的你」開頭，以便讓讀者了解整本書的梗概，同時馬上打開當前與你最有關聯的章節開始閱讀。這樣的編排也能讓讀者逐漸對其他章節產生興趣、進一步閱讀它們，然後對澤木老師所說的話有更深一層的理解。

我對這種編排方法非常滿意。因為每一句格言都有一種奇妙而獨特的力量，如果只是隨意地、一句接一句地羅列出來，那就太可惜了。而且這樣會模糊焦點。然而必須說，這些語句中沒有任何一句可以快速閱讀然後忘掉，因為它們全部都是關於我們自己的事。只有當我們花時間，靜靜地咀嚼、消化這些說法，並以「古教照心」之時，它們的深層含義才會顯現出來。

我希望，澤木老師的話語能真正深入貫徹你的血肉身軀，成為你的一部分，因為這本書代表了澤木老師活生生的教導。我希望透過寫下他的話語，使這種活生生教導變得更溫暖可感。我的弟子櫛谷宗則將此書的編排視為一個修行過程，把這些語錄以清新、年輕的方式呈現出來，如今，可以說三代師生齊聚於本書了。我想，澤木老師會對這個結果感到非常高興。[5]

內山興正[6]

昭和六十一年（西元一九八六年）盛夏

於信州塩尻清水氏隱居宅[7]

5 英文版譯者註：我們希望他對英譯本也感到滿意，因為它是來自兩位澤木老師世系的西方弟子之共同努力。

6 內山興正（一九一二～一九九八年）是曹洞宗禪師，於澤木興道禪師過世後接任安泰寺（位於日本京都附近）住持，也擅長摺紙。有二十多本關於禪宗和摺紙的著作。

7 本篇引言收錄於一九八六年日文原書第一版。

目錄

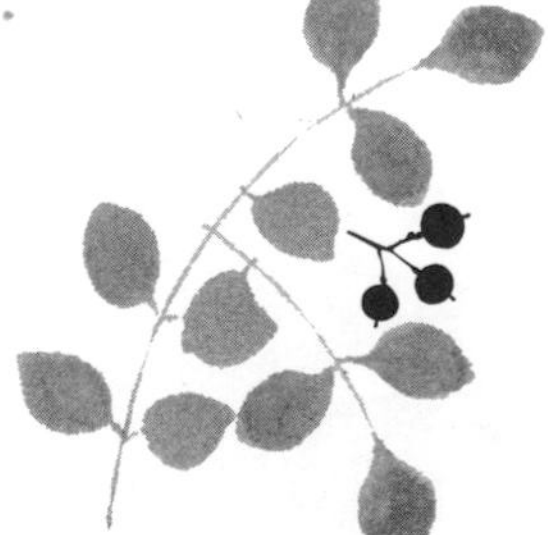

第一章
致無法停止在意別人眼光的你

你甚至無法和隔壁的人交換你的屁。

我們每個人都必須活出自己的生命。

❁

眼睛不會強言：「我們雖然位於下方，卻能見得更多。」睫毛也不會答辯：「當然，我們看不見任何東西，但我們位居上方。」

佛法的生活，意謂完成你的使命而渾然不知作為的活動。山脈不知自身之高；海洋不知自身之寬廣與深邃。一切萬物皆活動著而不自知。

野鳥自啼花自笑，不干岩下坐禪人。

鳥兒並非為了讓那坐禪的行者感到悅耳而歌唱，花兒並非為了讓那坐禪者感受它的美麗而綻放。同樣地，坐禪者也並非為了獲得開悟而坐禪。[1]

每個個體，只是單純地實踐自身、透過自身、為了自身而存在。

宗教，意味著不受任何欺瞞、活出你自己全然新鮮的生命。

嘿！你在看什麼呢？難道你不明白這一切都是關於自己嗎？

屁股不用因為身為屁股而羞愧。雙腳不需要因為它們只是雙腳而罷工。頭腦並沒有特別重要，肚臍眼也不需要幻想它是整個身體的父親。

1 簡單說，坐禪是佛教禪宗宗派的主要修行，字面的意思僅是指專注地打坐。「悟」（satori）通常在歐美國家翻譯為「覺醒」（awakening）或「啟蒙」（enlightenment）。這裡，澤木興道禪師使用這個詞語凸顯他反對禪修者以開悟為坐禪的目的。

但奇怪的是，人們看著首相政要時，總認為他必定是一個特別重要的人物。

鼻子無法取代眼睛，嘴巴也無法取代耳朵。任何事物都有自己獨特的角色，都是「天上天下，唯我獨尊」的。[2]

一切眾生皆應是「唯我獨尊」的。每一個人只能活出自己的生命。為何如今所有人都忘了這個道理呢？

我們的社會缺乏良好的典範。那些遵從所謂「常識」、「集體決策」、「門派之爭」的人，都不是好的範例。

2　譯註：依據《長阿含經》等經典所述，釋迦牟尼佛誕生時，向四方行七步，舉右手而唱詠：「天上天下，唯我獨尊」。此處所指，為一切眾生本自具有尊貴的佛性，與佛無二無別。

江戶時代的儒家說：釋迦牟尼多麼自滿！竟然宣稱自己是「天上天下唯我獨尊」者。

這是誤解。不只有釋迦牟尼能稱自己天上天下唯我獨尊，我們每個人也都是天上天下唯我獨尊。我們以天上天下唯我獨尊的步履前進著，然而，我們卻一邊愁歎著它。

「天上天下唯我獨尊」，意味著彰顯自身內在獨特的價值，這就是佛道。

❀

別再哭了！你嗚咽著說自己多麼無趣，或是別人哪裡又勝過你了。然而，每當情勢稍微好轉一點，你就又被牽著鼻子走了。

❀

近年來，當孩子們惹上麻煩時，人們會說那是環境的問題。但是，什麼才是好的環境？什麼是壞的？家境富裕是不好的嗎？出生貧賤就比較好嗎？

真正惡劣的環境是，你明明生而為人，卻說自己缺乏自我。

你必須避免談論你的雙親、家族或顯赫的身世，因為那使你顯得高人一等。不要炫耀你的財富、地位、穿著。

你必須活出自己的生命，赤裸而真誠。宗教意味著活出你自己的生命，赤裸而真誠。

這世界上的每個人，都試著透過各種關係與擁有之物，讓自己變得更加重要。這麼做，就像企圖藉著盤子來為淡而無味的食物增添風味一樣。這就是世間的人們為何喪失了自我洞察的原因。

在宗教裡，並沒有集體責任。一切都取決於自己。

如果沒有人在一旁觀看，凡夫經常會覺得凡事索然無味。但如果有人觀看，他甚至敢跳進火焰裡。[3]

這世界不應上演任何能輸能贏的表演。我，就是這個我。不可能進行任何比較。

我們從就學時期，就已經開始在比較了：參加考試、成績合格、依個人表現加入小團體或嘲笑他人——多麼愚蠢！

重要與不重要，意味著什麼？擁有超強的記憶力，很重要嗎？記憶力不好，就是惡劣的人嗎？不是有很多愚癡之人也擁有很好的記憶力嗎？

有些人總是在班級中墊底，從此之後將整個人生活得像一位受害者一樣。

3 「凡夫」是澤木禪師經常使用的詞彙，但並非是從任何菁英主義的角度來評斷何為凡夫，而是作為一個佛教語彙，其大致意思是「佛（覺悟者）的相反」。

他們說，他們的人生早已被「搞砸」了。然而正是這樣的態度，搞砸了他們自己的人生。

❀

不要對別人給你的評分而高興。對自己負責。當別人稱讚或批評你時，你會高興或不高興，但你甚至不了解你自己。

❀

我從未讚美過任何人。每個人都能看見他們自己的優點——甚至比實際上的他們還要好。

❀

有些孩童曾經抓到一隻老鼠後，讓牠在牢籠裡扭曲身體。他們很享受地看著這隻老鼠刮自己的鼻子直到流血，以及尾巴如何被撕裂開來。最後，他們還把奄奄一息的老鼠丟給小貓當食物。

如果我是那隻牢籠裡的老鼠，我會對自己說：「你們這些可惡的人類，別想從我身上得到樂趣！」然後我會單純地坐禪。

❀

行佛之道，意謂毋須左顧右盼。意思是，全然專注在當下的活動之中。

我們不是為了排泄而吃飯。不是為了製造糞肥而排泄。然而在過去，每個人似乎堅信著，我們上學是為了準備未來讀大學，我們進入大學又是為了獲取一個專業。

其實，沒有任何好的理由讓我們需要左顧右盼。然而，我們似乎已習慣於左顧右盼好幾個世紀了。

成人們發展出了一些奇怪的傾向。他們可以為了一個簡單的字句而小題大作。但反過來，你想騷擾一名小嬰兒，嘗試讓他感到尷尬，最後你會發現，根本不可能讓一名小嬰兒感到尷尬。

只有成人才會擁有過度強烈的自我意識，接著就像中了某種魔咒一樣，莫名感到尷尬或生氣。

其實更好的方式是，我們就單純地昂首向前行。

每個人都在談論「事實」，但是並沒有這樣的東西存在。他們不過是被那稱為「事實」的東西給誤導了。

有些人，在他們整個生命歷程當中，從未找到他們的生命之道。

不論你看向何方，無一不是看向你自己。沒有任何一個物體中不存在著你自己。

「三昧」[4]意味著：成為你自己、僅僅是你自己。這就是「自性清淨心」。

4 譯註：也稱「三摩地」，為梵語 samādhi 的音譯，意指遠離惛沈掉舉，心專注於一境之精神狀態，也就是把心保持在無散亂或靜止的境界。

只有在坐禪境界中，你能成為自己，並且只是自己。

離開坐禪狀態時，人們又回到致力於勝過別人，或嘗試比別人享受得更多。

❁

每個人都是與這個世界一起出生，也與這個世界一起死亡，然而，因為每個人都帶著內在的自己，因此看到的世界都不相同。

第二章
致認為追逐流行是有意義的你

你總是牢牢抓著別人。如果看到有人吃薯條，你就也想吃薯條。如果看到有人吃棒棒糖，你也想要一根棒棒糖。如果有人正吹著一隻錫口笛，你會對媽媽大聲哭訴：「媽咪，也給我買一支錫口笛吧！」

這些並非只是兒童才會有的行為。

當春天來時，你讓春天決定你的喜好，隨風起舞；當秋天來時，你又隨著秋天起舞。每個人總是等待其他事物吸引他們的注意力，還有另一種人，則廣為宣傳吸引別人注意力的方式，藉此得利。

人們非常喜歡情緒的起伏擺動。看看電影院前的那些電影海報：所有人物的臉上只表現出各種誇張混亂的情緒。佛法意味著不會讓自己被情緒的起伏擺布。

從另一方面來說，在這個世間，大驚小怪是無法成就任何事情的。

凡夫是這樣的：他們只能用集體盲目之眼看事物。

環繞在眾多英雄的氛圍中，蓄積勇氣讓自己也變成一名英雄，但這樣一點也不算是英雄！

一名小偷對他兒子說：「如果你不立刻停止你那該死的誠實心，你永遠無法變成一名像我一樣值得尊敬的小偷，你真對不起我們的小偷根性啊！」

在一個不誠實的社會裡，誠實的人將被視為愚笨的人。

處在任何團體中，思維將變得駑鈍，然後人們會停止思考什麼是好的、什麼是壞的。出家人並不是想從這個世界徹底隱退，或逃離現實。我們單純只是不想跟隨這種麻痺的思維模式。

自古以來，有智慧的人教導我們應該在山野中追尋自己的使命感。這裡的山野指的是一個無色透明的世界。

別讓自己因為令人興奮的氛圍而激動起來。別被周遭事物不由自主地吸引——這是所謂智慧的含義。不要被任何哲學思想或任何團體牽引。不要像眾人一樣，昏昧地在意各種事情。

人總是看似聰明，然後談論如何當地球的主人。然而同時，他甚至不知道如何善用自己的身體：他只會在電視上觀看各種運動，然後辯稱自己就像那些運動員一樣。

我們活在群體的愚蠢當中，而且誤以為這樣不健康的狀態是真實的經驗。此時非常重要的是，你應該轉變為清澈，從這種瘋狂中醒悟過來。

當只有一個人愚蠢時，還不算太糟，但當這些人形成一個團體時，人們就變得徹底愚蠢，落入集體的愚蠢當中。接著，他們非常堅定地組成一個團體一起愚蠢，然後成立社團，並且繳交入會費。

坐禪意指脫離這種集體的愚蠢。

你所做的都是人們會讚美你的事。你追隨那些被讚美的人。你從來不是你自己。

每個人都把常識掛在嘴邊，但他們說的常識是什麼？難道他們不是只是想跟大家一樣地思考，像集體愚蠢的教條那樣地思考嗎？

如果你覺得名聲和地位非常了不起，表示你讚賞的事物和世上其他人一樣。

❁

選舉是一件詭異的事情。看看那些投票民眾的面目表情，很明顯他們完全不了解政治，也不了解他們投下一票的那些政治家們的任何事。然而，他們還是興沖沖地到了投票所。多麼奇怪的事啊！

❁

「在家的出家人」指的是一個已將集體愚蠢思維拋諸腦後的在家居士。

❁

佛教是一種可以減少血液積聚腦部的宗教。凡夫總是容易興奮激動，他們的血液總是迅速衝向他們的腦部。

不論他們剛剛飽餐一頓，或肚皮空空；不論他們見到一個女人或男人，他們總是感到興奮，然後血液在全身亂竄。

佛教能減少這樣的血液積聚。佛教使你血液以一種自然的方式順暢流動。

第三章

致與伴侶對抗而精疲力盡的你

當你跟先生或太太抗爭時，你不理解其實那些爭論點只是妄想。在坐禪時，你會明白那些妄想僅僅是妄想。

這是為什麼以坐禪之眼注視生活是很重要的。

不論你此刻在想什麼，都是過去式了。

問題不在於誰才是對的。你們只不過是從不同觀點看事物而已。

停止把自己當成一個特別的人，只要做你自己就可以了。停戰吧。只管打坐！

一切都開始於我們說「我……」的時候。所有跟隨其後的語句都是妄念。

每個人都想像他們的自我、自尊是不能改變的，好像有一種無法移轉的中心點一樣，而其餘事物都繞著它演變。曾經有一個人說：「看吧，每個人都會死，除了我之外！」

然而他已經過世很久了。

無明意味著我們不明白事物真正的樣子。如果我們不了解，最好的應對方法就是保持冷靜。但通常並非如此。我們會像拿鐵杖的盲人一樣，在陶器店裡到處亂撞。這就是為什麼每件事變得這麼複雜。

人生總是有很多矛盾。你說：「你看看他到底做了什麼？」事實上你非常希望這件事你也可以做。

人生是一件複雜的事。有時有戰爭、天空是火紅的，有時你可以在火爐邊睡個午覺。有時你整晚上都在工作，有時你和朋友暢快痛飲。

在這樣的人生中，真正的重點在於，你如何依佛陀的教導找到生活方向，這就是佛法所在。

你們墜入愛河？但你的整個人生並非都會是這個狀態。

曾經有對情侶彼此非常相愛，決定一起自殺，以為這樣做便能在死亡中永恆地結合。然而，其中一位被救起來了，而且非常快又再度跟另一個人墜入愛河。

人類真是值得憐憫啊。

美貌無法保證一個快樂的人生。有個女人受到很多男人寵愛，她已經有三個小孩，但完全不知道小孩的父親是誰。

每個人都說他們結婚是為了愛，但難道事實上他們不是為了性而結婚嗎？最終難道不是只是關乎陰莖和陰道嗎？為什麼沒有一個人敢直接說一個男人是和一個陰道墜入愛河？

偶爾仔細看一隻剛做愛完的小狗。狗會用牠奇異、空洞的雙眼望著虛空。這和人類是完全相同的。一開始，他們會努力讓自己進入一種狂熱狀態，最終發現那裡其實什麼都沒有。

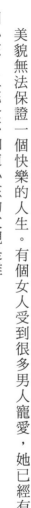

一個無知的男人娶了另一個無知的女人，然後每個人都對他們說：恭喜！這是我始終無法理解的事。

家庭，是一個能讓父母和兒女、丈夫和妻子，同時使彼此互相緊張的地方。

當一個兒童不聽話時，父母親會很生氣地對他說：「你真是什麼都不懂啊！」但是，這些父母自己又如何呢？難道他們不也是什麼都不明白嗎？

每個人都在無明中迷失了。

每個人都在談論教育，但我們被教育成了什麼？一名普通的市民，如此而已。

公牛帶著名利的鼻環，背上束縛著欲望的沉重鞍袋，牠任憑鼻環牽引著牠，卻依然驕傲地哞哞叫。奇怪的是，人們也能快樂地忍受相同的事。

當人們面對快樂、生氣、悲傷、滿足的事情，無法如如不動，就像野狗無法停止狂吠一樣。

當喜樂、憤怒、憂傷、滿足的波浪平息下來後，他們就感到沒什麼事可做了。

看著動物園裡奔跑的猴子，那種滑稽，就好像觀察那些逍遙法外的人一樣，自以為逃過了制裁。

第四章
致對生活憂心忡忡的你

生而為人，卻將整個人生都花在憂慮上，這是多麼可惜的事呀！

你一定要達到一種狀態：因生而為人而感到喜悅。

生、老、病、死，是我們無法欺騙自己能改變它們的根本事實。

真實：理解並能掌握事實，才是我們的目標。不要被困在概念的範疇中。

非常奇怪的是，沒有任何人嚴肅地思考他自己的生活。

這麼多個世代以來，我們總是到處攜帶著沒有煮熟的食物。[1]然後安慰自己，我們做的事和所有其他人都是一樣的。只要我們跟其他人做得一樣就行了：這就是為什麼我稱之為「集體愚蠢」。

開悟，就是創造你自己的生命。開悟是從集體愚蠢中醒過來。

在滿州的一個地區，轎子是由又壯又大的狗拉行。轎夫會在大狗鼻子前掛一塊肉，接著，這隻狗會瘋了似地追逐那片肉，想吃進嘴裡，但牠當然咬不到。只有轎子最後抵達目的地時，轎夫才會將這片肉丟給牠，然後這隻狗便會一大口把肉吞下去。

這跟人們面對他們的月薪是完全一致的事情。在月底之前，他們緊緊追逐

1 譯註：此為譬喻用法，指的是如果有理性思維能力時不會做的事情，表示愚蠢。如果能稍加思索，就不會將尚未煮熟的食物帶在身上。

著懸掛在他們鼻子前面的那個薪水袋。然後當他們薪水入帳時，就一口把它吞下，接著就用完了！再來就是追逐下一個薪水入帳日。

沒有人的視線能超過他們鼻子的界線之外。每個人都相信他們的人生具有某種意義，然而實際上，他們跟燕子沒有太大的差別：男性負責收集食糧，女性坐著孵蛋。

大部分的人並非遵循著任何明確的生活準則。他們尚未尋求到任何的生活準則，除了一些權宜之計；這就像在痙攣的肩膀上貼上藥布一樣。

問題在於，為何你的額頭如此緊緊皺著呢？

如果你不夠警覺，你會把整個人生浪費在等待，等待那些屬於凡夫的希望被實現的那天，除此之外別無他事。

這世界上的人們總說：「我想做這個、我想做那個。」然而等到他們真的能做那些事時，那些事對他們來說卻沒有什麼意義了。

如果你經常閱讀報紙上關於解決煩惱的建議專欄，請小心，不要依循那些建議卻同時產生其他的小問題！

不論你怎麼解釋，這世界上的每件事都是關於食物和性欲的延伸。

想像幾隻小雞同時發現一隻小蟲，然後彼此推擠爭奪著。這正是人類社會的最佳寫照。

這世上的人只懂得什麼是「有用」的。但所謂「有用」能帶我們到哪裡去呢？什麼地方也沒有！

據說有些人掉進他們說的金錢陷阱裡。他們究竟用這些錢來做什麼呢？

這世上每個人追尋的滿足感，最後都被不滿足感所承繼。這世上大家說的幸福，最終都讓位給了不幸。

迷惘意指無明的人缺乏人生方向。

那些無明的人總是群聚成一個團體，於是很自然地有團體互相攻擊的狀況。因此也不令人意外地，總是有戰爭發生，而且不為了任何特殊的理由而戰。

人類這種生物，總是喬裝成滿臉自信與聰慧。實際上只是在黑暗裡群聚著。

當你習慣了這個奇怪的娑婆世界，會認為這世界是完全正常的。而事實上，能在這娑婆世界生存下來，其實比坐禪還要困難許多。不過對你而言卻是相反：好像坐禪比生活還要困難許多！

❀ 我們已經習慣了這樣的生活。這就是為何我們會以為它是正常的。

❀ 就算是乞丐也會開懷地笑，就算是中了頭獎的幸運兒或早或晚都會哭泣。金錢並不是全部。

❀ 世間一切現象[2]都是一種幻影。不論看起來多麼特別，有形象的東西都是夢幻泡影。

看起來沒有任何作用的事物[3]，則不是人為造作的，也無法從它們當中獲得任何好處。

2 譯註：原文為「一切有為法」，表示因緣和合而生的一切事、理，亦即這個不停變動的世界之所有現象。
3 譯註：原文為「無為」，指的是非由因緣所造作者。

每件含有煩惱之事物[4]都是相對的。即使所謂這世上最重要的事情，也只是相對的。

煩惱滅盡的狀態[5]才是那絕對的。

能在這世上生而為人，並不是一件小事。

因此，很可惜的事情是：如果你發狂而因此終其一生待在療養院裡；或是你總是不停抱怨沒有足夠的錢；或是你被愛情沖昏了頭，當伴侶離開你時就過度悲傷無法自拔；或是其它諸如此類的事。

此刻，你既已生而為人，就應該引領自己活出一個不虛此生的人生。

4 譯註：原文為「有漏」，佛教認為一切世間之事體皆為有漏法。
5 譯註：原文為「無漏」，即斷盡煩惱。

三昧意味著你會嚴肅地自問：「此生活著必須做的事情為何？」

大家都認為沒有什麼比慵懶躺在沙發上或在溫泉裡打盹來得更滿足了。並非如此。滿足是指被喜悅、穩定感、幸福所環繞著。只有當你全然處於此時此刻，你才可能經驗到真正的喜悅、穩定感與幸福。

對凡夫而言，只有愛與恨、得與失、好與壞、輸與贏。

最後，我們必須明白這些對任何事情都沒好處，最終我們將回到坐禪——一種不對任何事情有利的行動。

「凡夫」這個詞彙，是指那些在黑暗中遊蕩的人們、因疑惑而迷惘走失的人們。這迷惘到底是什麼呢？它沒有任何自性。[6]這就是為何因疑惑而迷惘

6 譯註：自性，即自體之本性，意指假設個體各自有不變不改之性質。

走失，就像跟雲朵玩拔河比賽。

輸和贏都不會是結局。所以當你因為贏了而喜悅地哭泣，或當你輸了而悲傷地哭泣，都是愚蠢的。超越於輸贏之上的無自性，才是所有現象的真實。

佛，就是能解開這些困惑之事的人。

所謂洞察事物的人，不會被自己個人編織的妄想與業力所牽引、誤導。

不能洞察事物的人，總是尋找讓他們分心的對象：有時候他們墜入愛河，有時候他們酩酊大醉，有時他們熱衷於閱讀，有時他們從事各種運動。然而，他們從事這些事充其量不過是半調子，只是為了讓他們能蒙蔽自己。

將我們每天的生活以這些半調子行為來蒙蔽，只是行屍走肉而已，意味著我們搖搖晃晃的雙腿帶著我們偏離了軌道。

世上所有的國家都因為生命索然無趣而變得愚笨，這就是為何他們喊著：「向左、向右，列隊前行！」你會發現的下一件事情就是，孩子們再次為了搶彼此玩具而爭吵。

人們一輩子都因為精疲力竭而苟延殘喘著，卻不知他們為了什麼而這樣自我耗損。他們看起來像是有一個目標，而事實上，前方並沒有任何目標。等待我們的只有墳墓而已。

唯有我們明瞭事物真實的樣子，才有可能全然平靜。當我們明瞭、洞察事物，我們會在一瞬間瞥見宇宙，我們和宇宙之間的縫隙，會驟然消失無蹤。

我們單純地出生，單純地死亡。你會問：生命的意義是什麼？或許你還會問：坐禪有什麼好處？但如果你去年已經死亡，你就沒有任何權利抱怨任何事情了。

生命並沒有任何好處，這難道不是一開始就非常明顯嗎？單純地存在於來去之間，僅此而已。你的問題在於，你的心中有某個原因使你無法接受這個道理。

科學家把昆蟲裝在玻璃器皿中，觀察牠們進食或彼此吞蝕、交配或嘰嘰喳喳爭吵。若從真實之眼來看，我們其實就像這些昆蟲一樣。

第五章
致把人生視為賺錢、賺錢、賺更多錢的你

人世間的衡量是這樣：你只要給一個人一點錢，他就立刻開始做事了。

男人再簡單不過了。他想要的不過是金錢、健康、事業，還有漂亮的女孩。

你真覺得用奢侈品犒賞自己是多麼特別的事嗎？我實在不明白為何全世界的人都羨慕有錢人。

我總是取笑那些有錢人將他們的金錢視為無比重要。這就是為何他們不會將任何金錢送給我。

在過去，許多努力都耗費在觀察地球的移動方向。然而今日，我們有了衛星環繞著地球，並且我們知道地球是圍繞著太陽運轉的。因此在地球上轉動的玩具球，它的移動方向不再具有絕對的方向了。

最終，方向如何也不是那麼重要了，所謂「迷故三界城，悟故十方空，本來無東西，何處有南北」。[1]

然而提及貧窮與富貴時，該前往哪個方向又變得很重要。大家仍然傾向於相信，富貴勝過貧窮。但在現實世界中，我們無法知道什麼才是好的；有錢人也有他們的憂慮。

1 譯註：據說為空海大師給修行者的箴言，其意為：悟道者就能體會十方皆空，既無東西，亦無南北，所以毋須執著在令人煩惱的凡間事物。

無論如何，你還是可以不需要金錢而活著。世上沒有任何一個人出生時身上就帶著一個存錢筒。

人類的幸福與否，並非取決於金錢。如果依照你的戶頭中有多少存款就能衡量你有多幸福，那一切就會變得非常簡單。事實卻非如此。

缺乏金錢，你會感到很多困難之處。即使如此，你應該知道還有很多事比金錢重要。

你經常想著性愛。然而，你也應該知道有許多事比性愛重要。

當你開始說你需要錢才能活下去時，你不用感到無助。在這世界上，你一定能沒有存款卻依然過著適足的生活。

「工作吧，努力工作吧！如果你有工作，就能賺錢。當你有了錢，你就能輕鬆一點，不會挨餓。」

比起這種粗糙簡化的思考模式，馬克思主義精緻多了。

這世上的人們多麼幼稚：不只是因為他們總在撞球場中流連忘返，即使要付出更高的風險，他們還是會為了輸贏而競爭，宰殺別人，也被別人宰殺。

你喜歡的東西非常清楚：性愛、贏過別人、飲食、擁有一個不用勤奮工作的事業。追求你喜歡的，以及逃避你不喜歡的，這就是我們所說的「在無常世界中流轉輪迴」。就算是一隻小老鼠，當你給過牠一次電擊之後，也知道要趕快逃跑。

我們當中有些人相信他們真的知道如何享受生活，然而他們生命裡唯一的樂趣，也不過就是享用美食而已。

我們在學校被教導的是應當要賺取很多的財富。但很不幸我們沒有被教導的是，金錢會使我們變得愚昧。

富翁之所以成為富翁，就是因為金錢對他們而言非常重要，這也是為什麼他們絕對不會把錢財分享給別人。

有些人認為他們自己很重要，因為他們很富有。也有其他人認為自己很重要，因為他們「開悟」了。但不管你多努力膨脹你這身臭皮囊，你仍然只是一隻野獸。

個體不能擁有的，充滿在整個宇宙；個人想法念頭終結之處，才是佛法開始之所在。

這世界上，每件事都是關於輸或贏、加或減。坐禪卻無關乎任何事。也不會對任何事產生任何好處。這是為什麼它才是最好的事，並含容萬有。

道元禪師說：

此心綻放於天與空，將此心供養三世諸佛。

第六章

致認為領袖是極為特別之人的你

你認為某個人特別「好」？問題很簡單：對於什麼來說是好？

每個時代，人們都被政治家不當利用和被誤導了。

我們的行動，總是像以特異的方式掩蓋我們的真實本性。

一旦你偷走某人的財物，你就變成小偷，這不是非常清楚嗎？但在今日，每個人似乎都會相信只要沒被警察抓到、沒被偵探質詢、沒被法官定罪、最終沒被抓進監獄裡，你就沒犯罪。

同樣的事也發生在腐敗的政客之中：只要他們可以把所有對自己不利的證據都掩蓋起來，他們就會認為自己很有能力並且非常成功。這證明了集體愚蠢讓我們多麼嚴重地偏離事實。

即便過去中國的皇帝經常有忠義的臣子們進諫，他還是擁有足夠的「智慧」誤導他們。他那種智慧和佛法的智慧完全無關。

你不必達到石川五右衛門[1]的程度才能稱為小偷。任何人只要偷過一次東西，即使只是心血來潮，仍然是一個徹底的小偷。

同樣，釋迦摩尼佛並非是唯一的佛。任何人模仿佛陀的坐禪，就是徹底的佛。

1 石川五右衛門（一五六八～一五九四）是著名的日本盜賊，最終下場是連同他的幫派和家人一起在沸水中被活活煮死。他的一生經歷是日本許多歷史劇的素材。

我們都在培養某些特殊習慣。有權力的人、老師以及知識份子，都致力於引導我們培養和訓練這些特殊習慣。但這樣一來，我們就被最複雜的方式給捆綁扭曲了。宗教，意味著鬆開這些捆綁。

到最後，除了空性以外，一切皆無。

每個人都努力讓自己變成一個從世俗標準看來是重要的人。

一套制度建立的東西，會被另一套制度摧毀。一個政權完成的東西，必定會被下個政權全數廢除。

一個追求真正人生使命的人，不會想追求成功的事業。一個企圖想成為總統領袖的人，不會知道他的人生將前往何處。

他們的選舉是多麼重要，所有總統、領袖和國會議員為了獲取選票而發起各種宣傳活動。真是笨蛋！即使他們求我去當總統，我也會立即拒絕。到底你們認為我笨到什麼程度呢？

❀

一個人因為輸掉總統選舉而哭了。下次他贏得選舉，於是他對著鏡頭微笑。這樣政治家與小孩子有什麼不同呢？哭鬧的孩子也是如此：你給他糖果，他淚流滿面的臉上馬上綻出笑容。

人如果能再成熟一點就好了。

❀

完全依賴履歷表去判斷個人價值的人，都是失敗者。

❀

多數人並非依靠自己的力量生存；他們讓自己被體制飼養著。

❀

「他是個了不起的人，他就這樣喝了兩瓶酒！」人們所謂的「好」，通常沒什麼特別的。每個小圈子都有自己的標準，他們不過是用這些標準來解釋「好」或「不怎麼好」。

人們總是對奇怪的事物印象深刻。你只需要和大家有一點點不同，整個世界都會對你留下深刻的印象。

有些人像獅子一樣很強壯。有些人像蛇一樣很細長。有些人像黃鼠狼一樣，甚至在晚上也能看得很清楚。還有些人像雞，孩子一個接一個被偷走，直到有天他們被打斷脖子。有些人像牛一樣，被利用了一輩子，最後被宰殺吃掉，連骨頭和皮都被使用殆盡。還有一些人像雄貓一樣，總是在女人腿上占有一席之地，因為這讓他們快樂。這一切都是業力。它既非好，也非壞。

最後，業力過大的人，倒是一頭栽進了地獄。

還有什麼比炫耀自己的技能更無聊的呢？技能只是相對的，它們並非真正具有價值。你才能所不能及的東西，才是最重要的。

當你看到英雄，不論東方或西方的、過去和現在的，你都能清楚看到，強者和弱者除了精疲力盡、最終死去之外，什麼都不剩。他們都付出了自己的一切，為了虛幻的夢想而精疲力竭，同時積累了不少惡業。

一切眾生都對佛法視而不見，這不僅適用於犯罪份子和黑幫而已。生來對佛法視而不見的孩子，是由盲目的父母撫養長大的、由盲目的老師教育的、被盲目的政客誤導的。因此我們身邊的人怎麼可能不對佛法視而不見呢？

曾經，日本的巢鴨醫院裡有個大瘋子，自稱「蘆原將軍」。他在自己脖子上掛了一塊硬紙板做的獎章，並給他遇到的每個人一些勉勵的冠冕堂皇話語，讓他們帶走。現在戰爭已經結束，我們可以清楚看到，軍隊所謂的勳章也不過就是如此。

日俄戰爭勝利之後，我們以為贏得了殖民地。但它真正的結果是什麼？在二戰戰敗後，我們了解到日本真正獲得的，只有俄羅斯人的仇恨。

每個人都在談論對祖國的忠誠。問題是，這種忠誠會把我們帶往何處？當我們與俄羅斯人開戰時，我也完全相信忠誠，但我們戰敗後，我才瞭解到，我們做了一件根本不該做的事。無論如何，一開始就應該避免發動戰爭。

許多人的生或死，取決於史達林這個人是否曾經出生。一個人是否出生，對世界的影響甚鉅。這就是為什麼特別像釋迦牟尼這樣的人，他的誕生如此重要。

多數人本來都是好人，可惜有些人走錯了方向，那是因為他們跟隨壞榜樣。

有個日本佛教宗派，名為創價學會，他們向人們承諾幸福，但這種幸福該從哪裡來？從賺錢而來！他們是這麼說的。但錢和幸福有什麼關係？釋迦牟尼不是放棄了宮殿、王位而在外乞求飯食嗎？[2]

因快樂和不快樂，而失去了自己的平衡，這就是所謂的妄念。

每個人的業力都不盡相同。但最重要的是，佛以同樣的方式拉著每個人向前行。

讓身心脫落，就是不再讓自己疲憊不堪，相信佛，讓自己被佛帶著向前行。

2 傳統上，自佛陀時代以來，僧人就經常接受人們奉獻的食物或金錢。

第七章

致那些想把對手拋在腦後的你

我們經常想知道誰比較優秀。但我們不都是由同一塊泥土捏製而成的嗎？

每個人都該牢牢定錨在一個沒有好壞之分的地方。

你的一生，完全處於神經錯亂的狀態而失去理智，因為你認為「你」和「其他人」有個很明顯的區別。在人群中，你擺出一副脫穎而出的姿態，但實際上，既沒有「你」也沒有「其他人」。等你死了你就明白了。

佛法意味著人我之間沒有縫隙。你和我之間有什麼縫隙？但或早或晚，我們都會表現出在我們的朋友和敵人之間真的有一條縫隙。

貧窮的和富有的、重要的和不重要的——這些都不存在。這些不過是海浪的一陣陣粼粼波光。

一旦清楚知道我們所有的妄想和分別的想法都沒有任何作用，世上就沒什麼事情需要我們絞盡腦汁了。

有位部門主管生了病，他的下屬因此取代他往上爬了一層。他原本已經康復，但聽到這個消息後，他再度發燒而病情加劇了。其實，你真的不需要為這樣的事情而發燒。

你說：「我會證明給你看！」然而，你甚至不知道你能活多久。難道你沒別的事可以做嗎？

西方諺語說：「凡為人，即為狼」。[1]因此宗教的第一步，必須是讓狼停止互相攻擊咬傷彼此。

從孩提時代起，我們學到的只不過是如何假裝自己非常重要。這世界將此稱之為教育。

於是我們在往後生活中會致力於什麼事呢？我們像惡魔一樣彼此戰鬥、像動物一樣做愛、像餓鬼一樣吃。僅此而已。

沒有任何爭吵或競賽時，人們看起來睡眼惺忪。人們總是想奔向終點線。但人生是賽馬嗎？或者他們就像水獺游泳時一樣，總想領先一個鼻子的距離。最後，他們總是互相爭鬥，像一群小貓爭奪毛球。

1 譯註：此句原為拉丁文短語（Homo homini lupus.），意思是人類在自然狀態下，對待其他人的方式就像狼的行為一樣，包含殘忍、掠奪的行為特質。

❁ 在佛法中，一切都與輸贏、愛恨無關。

❁ 有些人想炫耀他們已「開悟」。但很明顯，可以用來炫耀的任何東西，都不可能跟真正的開悟有關。

第八章

致被人欺騙作弄而哭的你

某些時候，你必須給自己一記耳光，並認真問自己：你的個人得失，真的值得讓你被快樂和痛苦淹沒嗎？

或早或晚，每個人都會開始只想著和自己有關的任何事。

你說：「那太好了！」但什麼是好的？所謂的好，只因為它對你個人有好處，如此而已。

為什麼我們人類如此疲憊？

因為我們必須不斷努力以獲得一點點的優勢，這卻讓我們筋疲力盡。

迷惑意味著不穩定的狀態。迷惑意味著被情境控制了。

欲望大的人最容易上當。即使是最厲害的騙子，也無法從一個沒欲望的人身上獲取任何利益。

佛教的意思是無我、無所得。你必須和宇宙、所有有情眾生合而為一。

無我意味著永遠不會轉身不理睬他人。

眾生皆是顛倒錯亂的。我們將導致不快樂的東西視為快樂，還為了自認為的不幸而哭泣，但實際上根本就不是不幸的事。

我們都知道，當你給孩子一塊餅乾，他會立刻從淚眼汪汪變成開懷大笑。

我們眾生所說的幸福，也不過如此。

我們常說：「這是我親眼所見、親耳所聞！」我們深信這是最堅實的證據，但我們的眼睛和耳朵根本就不值得信任。每個人都被他們的眼睛、耳朵、鼻子、舌頭、身體和思想所欺騙。

不過度飲酒是件很困難的事。那是因為，喝酒的其實是酒本身。這與世間所有的迷惑如出一轍。

想出十萬種可能性，然後把它們排列起來比較，會發現：它們都導致了死胡同。這條路通向死胡同，那條路通向死胡同。無論你往哪個方向走，都會被卡住。

現在，單純扔掉所有會導致死胡同的東西。還剩下什麼？

「絕學無為閑道人。」（節錄自《證道歌》）

第九章
致想給老闆一巴掌並丟出辭職信的你

作為一個人，你可以自由朝任何自己選擇的方向前行。

作為一個人，無論你做什麼，你都應該以一種無法重複做第二次的方式去做。可以重複的事最好留給機器人做。

生命不會只依照軌道運行。

鳥兒不會依照大調或小調而歌唱。菩提達摩的教法不適合印刷在橫格紙上。佛法廣大無邊。當你試圖使它保持不變，你已經錯過了它。它不是鱈魚乾，而是一條活魚——活生生的魚沒有固定的姿態。

士兵手冊中寫道，當戰爭正在進行，你必須為變幻莫測的戰事做好準備。這不僅僅適用於戰爭；生活也沒有一本規則書可以依循。

如果你試圖按照一本手冊來生活，你肯定會失敗。

道元禪師說：

水鳥不留下飛行的痕跡，然而，無論飛到哪裡，牠們都不會迷失方向。

鳥兒的飛行路線不會留下足跡。這跟運行在鐵軌上的蒸汽火車，或水牛走過留下深邃腳印的小路，截然不同。

我們的生命不是一個片刻接著一個片刻嗎？我們怎麼可能掌控生命，分析它，將它系統化並歸檔？

人們的可悲之處在於，他們無法稍微偏離自己的習慣一小步。

我們經常讓自己被細節分散注意力，但這樣我們就忽略了整體。

我們時常購買自己根本不想要的奇怪東西，只是希望可以用收銀員給我們的免費彩票中獎。

其實，所謂「學習」在過去是指獲得對於生活的洞見，現在它變成了僅僅是一種有助於獲得工作的資格。

不管你在這一生得到了多少成就，但到最後你沒有什麼可以展示眾人；你會赤身裸體地死去。

在這世上，我們說的好與壞、真或假，或多或少不就是同一件事嗎？

無論風吹向哪個方向，你都必須站穩腳跟。

最大的幸福在於，做你必須做的事，這不是很明顯的道理嗎？

不浪費生命中的時間，意指在正確的時間安穩處在正確的地方——不要錯過那個準確的時刻。

你不能依賴任何事物；每件事物的內涵不停在變化。正是這個洞察，使釋迦牟尼放棄王位，離開妻子與兒子而出家為僧。

第十章
致想要開始坐禪的你

你可以在這世上找到各種各樣的獎勵，但真的有比屁股坐在蒲團上，練習坐禪更讓人快樂的獎勵嗎？

如果你更願意相信這個或那個宗派，就儘管跟隨他們。只有真正想練習坐禪的人，才需要坐禪。

坐禪有什麼用？坐禪一無是處。

道元禪師批評眾多的佛教信眾，說他們就像蝦蟆和蚯蚓。跟一條龍或一頭大象相比，它們什麼都不是。這也是為何禪僧常被稱為「龍象」。

曾經有五百隻猴子為五百個佛教阿羅漢服務。[1]有一天，這些猴子們決定模仿阿羅漢們的一切行為，所以牠們用眼睛、鼻子、嘴巴和全身來坐禪。據說如此一來，有一千個阿羅漢修行坐禪，最終皆得證悟。這就是為什麼我很希望保留坐禪的種子——即使只是通過模仿。

當你練習坐禪時，請徹底更新自己。

當你練習坐禪時，必須是處於此時此地，必須是關於你自己的。不要將禪當成一種與你無關的傳言。

駒澤大學坐禪堂的旁邊就是棒球場。當你聽到啦啦隊在賽前演練時，你才能真正理解我們多麼忽視自我。

1 傳統上，阿羅漢指那些已洞察存有的真實性質，並證得涅槃的人。澤木在此強調，涅槃不是通過內觀獲得的，而是能在修行者的日常行為中表現出來的。

坐禪即是我們透過肉身自己形成的佛。

「只管打坐」是我們凡夫以自己肉身能做的最偉大的事。

「腰」的漢字由左側的「肉」字旁和右側的「要」字旁組成。在坐禪中，從一開始骨盆就必須牢牢安住在坐墊上。

坐禪時，腰部必須牢牢紮向大地，頭頂則向天空延展。

當你在一個可以聽到引發快樂、憤怒、悲傷或滿足聲音的地方練習坐禪，它們在你的心中產生的波浪，會阻止坐禪深入你的血肉和骨頭。

如果您正在尋找坐禪能帶來的刺激，那麼你就跟那些走錯路的人群一樣。在坐禪中，您必須泯除所有刺激，並且坐禪根本沒有任何特別的練習可作。

打盹的身體也可以練習坐禪。練習坐禪的身體也可以打盹。

跟人一起坐禪一整天是一個極為難得的機會。跟妓女在一起一整天則是極度愚蠢的。

如果你在晚上吃飯是為了飯後要潛入一個房子行竊，那頓飯就是在吃「搶劫餐」。如果你吃晚飯是為了飯後要去妓院，那頓飯就是吃「妓女餐」。如果你吃飯是為了飯後要坐禪，那頓飯就是成佛之道的一餐。

問題在於，你是為了什麼吃飯？

我們在安泰寺[2]更換眾人的床墊，這跟妓院的老闆娘更換妓女的床墊不是

2 譯註：日本曹洞宗寺院，位於今日的兵庫縣。澤木於一九四九年開始於此寺擔任住持，並將安泰寺整頓為專修坐禪的道場。

同一回事。對妓院老闆娘來說，換床墊是為了吸引顧客和賺錢。對我們來說，是為了讓來坐禪的人不會感冒著涼。

誰來修行坐禪，誰就是佛；他睡在一個佛的床墊上。

吃飯是為了坐禪，睡覺是為了坐禪。這意味著吃飯和睡覺也是坐禪的一部分。

當你坐禪時，滿腦子只考慮經營謀生，你會開始說：工作也是禪，端坐也是禪。然後，你停止了真正的坐禪。

另一方面，當你說只有坐禪是唯一重要的事，你會開始認為，只有嚴謹的坐禪才是坐禪，而其他一切都與坐禪無關。

在我們的修行中，除了坐禪，沒有其它神聖的事。唯有坐禪能將我們的肉身形塑成坐禪的器皿，以拯救我們這些凡夫。

唯有佛與佛才能一同談論佛法，佛與凡夫無法如此。因此《法華經》中說：「佛成就第一希有難解之法，唯佛與佛，乃能究盡諸法實相。」同樣的道理，要能證悟和佛共通之心，唯有透過端坐、面壁。

我們的坐禪就像從冬眠中醒來，迎來一個全新的世界。

坐禪意味著再次回到子宮。這就是為什麼坐禪不是一種「工作」。

每個人都忙於算計，以至於他們甚至忘記了自己最初算計的是什麼。坐禪意謂停止所有這些算計。

坐禪意謂從所有人類的幻覺中結業。

坐禪意謂修行一種言語無法解釋之事。

❁ 坐禪意謂實踐一種思想所不能及之事。

❁ 單靠你的坐禪就能貫穿天與地，它驗證了大解脫的處所。

❁ 坐禪是開啟整個宇宙的佛法開關。

❁ 三昧意味著修習一個充滿整個宇宙的東西，將自己完全投入其中，在每個瞬間、每個行動當中。

❁ 「只管」意指此時此刻當下即做。這意味著不要浪費你生命中的一丁點時間。

❁ 「我與大地有情，同時成道。」（釋迦牟尼佛）

在佛法世界中，成就此佛道不是由政治權力所強行的；唯有「我，我自己」能付諸實踐。

當你禪坐時，你必須與杜魯門、史達林和毛澤東沒有差別。一人坐即為眾人坐，人人所坐成一體。

這個現象世界不是某個神所造的。它是通過相互依存的因果關係而產生的。佛是無量的因，產生無量的果。從無想的基礎上去想——這就是佛的作為。

我們常說，禪意即無心。無心指的是不可測量、不可思議的，而這個「不可測量」含涉的更為寬廣，不僅僅是不可測量、度量而已。

除了坐禪，你所有的「善行」都來自你的自我意識，因為你總是在想：「我在行善」。只有當你不再想「我在坐禪」時，你才是真正的坐禪。

❁

坐禪時必須抱著挨餓絕食的決心。

這意味著你不應總是指望「當法輪轉動的時候，總是有東西吃」。但反面來說，只要你能讓法輪常轉，有沒有東西吃都不再重要了。

❁

任何迎合世俗情感之物都與坐禪無關。

佛法根本不在乎我們人類喜歡什麼。

❁

「這是怎麼回事？為何這些人全部都背對背圍坐並瞪著牆壁看？還有比這更荒謬的嗎？」

這就是被無常世界所苦的世俗中人對坐禪的印象。

❁

「坐禪有什麼用？」

這個問題本身沒什麼意義。電視的發明有什麼好處？你有什麼用處？不是所有的東西都一無是處嗎？

當有人問我坐禪對什麼有好處時，我說坐禪對任何事情都沒好處。然後就會有人說，既然如此，他們寧願停止坐禪。

但是，到處奔波只為了滿足你的欲望又有什麼好處呢？賭博有什麼好處？跳舞有什麼好處？在棒球比賽中因輸贏而激動有什麼好處？這些事完全沒有任何好處！這就是為什麼沒有什麼事比靜靜坐禪更明智的了。

在這世上，「一無是處」意味著你無法從中賺錢。

經常有人問我，坐禪要多少年後才能見效？

坐禪沒有成效。你不會從坐禪中得到任何東西。

最近，我們這裡興起了禪宗熱潮。每本雜誌都有關於禪宗的文章，但當你閱讀這些文章時，你只會發現一堆奇怪的想法。有些人寫了他們從某處二手資料撿拾到的資訊。有些人描述一個為期一週保證「見性」的研討會。[3]

問題是，從未聽說過禪的人，可能會被這種胡說八道給誤導。

如果你對生命沒有一個清晰的佛教觀點，你最好還是遠離坐禪。

以平和之心[4]念佛，才是真正的念佛。[5]

以平和之心坐禪，才是真正的坐禪。

為了得到平和之心而念佛，並不是真正的念佛。

為了讓內心平靜而練習坐禪，並不是真正的坐禪。

吃飯時，佛陀教導的是通過完善的飲食儀態，來完善那頓飯。

3 禪宗的「見性」是一種非常顯著的開悟經驗。

4 譯註：意指「安心」的狀態。

5 簡單來說，念佛就是稱頌念佛名號的修行方法，倡導者認為這樣可以引領修行者死後往生西方極樂淨土。

第十一章

致想通過坐禪增加勇氣的你

「透過坐禪，可以強化你的腹部[1]。」

但是知道這個腹部力量並不值一提，才是真正的強壯和真正的坐禪。

有些人試圖透過坐禪變得厚臉皮。

如果有一點點的個人化，就不是純粹的、無雜質的坐禪。

我們必須修習真正的、純粹的坐禪，不要把它和體操、開悟或任何東西混

1 日文的腹（はら）是指腹部，象徵勇氣與意志力。在東亞文化中，腹部是全身能量的核心區域。

在一起。當我們把個人想法帶進來——哪怕只是一點點——就不再是佛法了。

總歸一句，佛教即是無我。無我意謂「我」不是一個單獨的主體。當「我」不是一個單獨的主體，我就充滿了整個宇宙。

在真正的佛法中，沒有任何利益可獲得。在虛假的佛法中，才有可能獲取些什麼。

如果你在被快樂、憤怒、悲傷和滿足等感受淹沒時坐禪，這些感受會像可怕的鬼魂一樣縈繞在你的坐禪上。

佛道就是無所求、無所尋。如果能找得到什麼東西，不管我們怎麼修行，那一定都與佛法無關。如果什麼都找不到，那就是佛法。

無論你試圖抓住什麼，即使你得到它，遲早也會再次失去。

真正的財富是不執取任何東西。它閃耀著我們內在的光，並且省思我們自己，意即回光返照。當我們退後一步，會看到沒有什麼可以抓住，沒有什麼可以追逐，也沒有什麼可以逃避。實相不生不滅，不垢不淨，不增不減。

有一天，一位名叫藥山惟儼的僧人在修習坐禪時，他的老師石頭西遷問他：「你在那裡做什麼？」

「我什麼都沒在做。」

「如果你什麼都不做，是否意味著你只是在打發時間？」

「如果我是在打發時間，那麼我會做一些事情，但我並沒有這樣做。」

「你說你什麼都不做。你沒在做的那些事情是什麼？」

「即使一千個智者也說不出答案。」

沒有什麼比連一千個智者都無法知道的坐禪更加寧靜和高貴了，這是藥山禪師所修行的和石頭禪師所稱讚的坐禪。

近來，有些大師可以陪你坐上一個星期，而且只要花一筆錢，就可以保證你會獲得見性的體驗。顯然，這樣的事情與一千個智者都不知道的、藥山禪師的坐禪無關。那個連一千個智者都不知道的坐禪，就是「只管打坐」的單純坐禪。

這陣子有很多關於坐禪的話題討論。問題很簡單，他們企圖用坐禪來做什麼？有些人非常努力培養他們的內在，變成更堅強的性格、證得開悟等等。小沙彌們甚至把公案的修習稱為「猜謎遊戲」。

以上這一切，都是凡夫眼中所見的佛法；但佛法不是凡夫的法。我們應當用佛法的眼光去觀察佛法。這就是為什麼言及坐禪，能夠確實實踐坐禪的情況如此罕見。

有些人想利用坐禪成為更好的人。坐禪對他們來說，只不過是像化妝一樣的事。

這裡不是教育機構！我們正努力做的是成為一張白紙。在這裡，無法獲得任何東西。這是一個你必須放下所有妄念和覺醒的地方。

佛法並不是要把普通人變成特殊的人。

當你停止為了爭先恐後而用手肘撞擊其他人時，坐禪才會發生。

你每天早上都去冷水池游泳嗎？那又如何呢？金魚也總是這樣做。你戒菸了嗎？是啊，那又如何呢？貓也不抽菸。無論你多麼自豪於成功追求這個和逃離那個，也不過是在無常的世界中遊蕩。

真正的宗教應是如實地看待世界，沒有任何虛構。

一切現狀都很好。我們並不需要胡鬧。

無論你的經歷多麼不尋常和神祕，都不會持續一生之久。遲早它們會消失殆盡。

凡夫確實會追求神蹟和魔法。他們熱愛各種花招、把戲。

凡夫天生就不喜歡修行，他們只想開悟。他們希望不用工作也能賺錢，這就是他們在彩卷窗口大排長龍的原因。

他們不想要真正的佛法，但他們蜂擁朝向那些承諾人間有天堂的新興教派。

你被開悟給困住了，你被金錢給困住了，你也被自己的地位和名譽給困住了，你被性給困住了。

不要被困住，就是佛法真正的意思。

第十二章
致想知道坐禪是否有好處的你

坐禪有什麼用？絕對沒有！這種「無用」必須深入你的骨肉，直到你能真正修習無用之事。在那之前，你的坐禪真的一無是處。

全身心投入到毫無用處的事情中——何不試一試呢？

你說你想嘗試練習坐禪，以便成為更好的人。經由坐禪而變成更好的人？多麼可笑！一個人怎麼可能變成一個更好的東西？

你說你想透過坐禪成為一個更好的人。坐禪不是要學習如何做人。坐禪就是停止做人。

有人問：「禪就是無心，對吧？」
在你死之前，你不會變成無心。

他們認為坐禪會使一切都變得更好。太愚蠢了！坐禪意味著忘記「更好」和「更壞」。

坐禪不會讓你賺到獎金。

這一日就像孩童的一日。
這座山和永恆的過去一樣寧靜。

坐禪不能使人滿意。是誰不滿意？對於凡夫而言。人們永遠不會滿足。

在我們曹洞宗裡，坐禪並不那麼令人興奮。而凡夫總是在尋找刺激——運動、賽馬賭博等等。是什麼讓這些事情如此受歡迎？就是輸贏帶來的興奮。

這不是不證自明嗎？永恆無限的東西怎麼能滿足人類的欲望呢？

若不滿足，只要練習坐禪。

若不滿足，用這個身體來實踐坐禪。

若不滿足，將坐禪深化到你的肉身中。

被坐禪注視，被坐禪訓斥，被坐禪所阻擋，被坐禪到處拖著走，每天流著眼淚——這不是你能想像到的最快樂的生活嗎？

有人問：「我能理解在坐禪時我們是佛。但這是否表示我們不坐禪的時候只是凡夫？」

當小偷在偷竊時，他就是一個小偷。如果他暫時沒有偷東西，那是否表示著他再也不是個小偷了？

吃東西是為了偷更多東西和吃東西是為了坐禪，兩者是一樣的，還是有所區別？偷過一次的人不會再被任何人信任。曾經坐禪一次的人，練習的是永恆的坐禪。

坐禪真是一件不可思議的事。當你坐著的時候，坐禪似乎不是什麼特別好的事。但當你從外面觀看時，沒有什麼能如此美妙莊嚴。

對於其他一切事物，通常情況正好相反。客觀地看，沒什麼大不了的。只有你是唯一一個認為你所做的事情是非常重要的。

佛法之所以充滿整個宇宙，是因為它沒有提供任何你能緊緊抓住不放的東西。如果你不緊抓任何東西，持續努力就不困難。

坐禪是透明的。它沒有任何味道。當我們給坐禪一種味道時，它就變成凡夫的東西。

坐禪並沒有那麼時髦。時尚是對凡夫自然而然的事，比如體育競賽中的輸贏之爭。

坐禪並不時尚，因為它無味且難以掌握。幼稚的人不會對它感興趣。

無色透明的天空完全不同於盆栽或家中佛龕的小雕像。前者無限廣闊。儘管如此，人們更喜歡修剪他們的盆栽或照看他們家裡的小雕像。

你想要為你的意識調味，所以你對無色無味的佛法不會有深刻印象。

你說：「當我正在坐禪時，總是會冒出各種妄念！」

太愚蠢了！事實是，只有在坐禪時，你才會意識到你那些的妄念。當你帶著妄念跳舞時，你根本不會注意到它們。

坐禪時有蚊子叮咬你，你會立刻注意到。但當你跳舞時，跳蚤咬了你的蛋蛋，你根本不會注意到它。

一位在家居士問：「我修習坐禪很久了，心裡還是有很多紛擾的妄念，不知該怎麼處理才好。只有一次，在一次空襲中，當炸彈爆炸時，我做了一次坐禪，那次完全沒有任何紛擾的妄念。我從未有過如此好的坐禪。不過，之後的每一次坐禪都和從前一樣。有沒有什麼辦法可以再像那一次那樣坐禪？」

澤木禪師回答：「有的，公案禪。[1]有人會給你一則公案，然後對你咆

1 簡單來說，在公案禪中，坐禪者專注於一個禪宗語錄中的公案，藉此證悟到一種充滿戲劇性的覺醒經驗（即「見性」）。這通常與「只管打坐」形成對比，後者沒有任何對象或目標，將修行的過程和覺醒視為一體之事。

哮、逼你到角落裡。那時你就沒有空間可以產生任何妄念了。但之後一切都會像以前一樣。你只不過是暫時將這些妄念擱置一旁。

「另一方面，道元禪師的『只管打坐』，就是要完全展現你的真面目。你的醜陋暴露了，你看到自己的真實樣貌。你意識到你不斷產生各種妄念，就像螃蟹不停吹著泡泡。

「事實上，能看到你自己充滿各種妄念，這就是坐禪的功德。當你全神貫注於某件事，完全不會想到其他事。一手捧著酒杯，另一隻手臂摟著藝妓時，你根本感覺不到跳蚤在咬你。在那個時刻，你所有的想法都被推到一邊。但在坐禪時，對這隻跳蚤會非常敏銳，以至於你不知道如何處理自己。因為在坐禪時，你不是麻木的。你變得完全透明而清楚。」

❁

在我們的一生中，會經歷各種心理現象，這不是很自然嗎？

我們在坐禪時會有各種各樣的念頭，我們會想知道這樣是否正確。當我們能這樣問自己，便已經證明坐禪的本質是純淨的，而這種純淨的本質正注視著我們。當我們穿著內衣醉醺醺地跳舞時，根本不會對自己提出任何質疑。

坐禪是佛陀和此凡夫的融合為一。

正是在這一刻，你可以用佛陀的眼光看到自己，你的不完美於是變得明顯，因為你本來就是佛。

只有你內心的凡夫才會被紛擾的妄念所攪擾。

不要發牢騷。不要凝視空中。坐吧！

第十三章

致認為透過坐禪讓心靈變得更好的你

只要你說坐禪是件好事，就有些不對勁了。未染色的坐禪絕對沒有什麼特別之處。甚至沒有必要因為任何事而感激坐禪。

如果一個嬰兒對媽媽說：「請理解我總是在尿布裡尿尿。」這不是很奇怪嗎？

沒有知識、沒有意識，一切本來就是它們本然的樣子。

不要說你進步了、感覺好多了，或透過坐禪變得更有信心了。這樣會汙染你的坐禪。

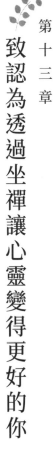

我們只有在事情發展朝我們有利的時候，才會說：「一切進展得很順利！」

我們應該單純讓我們內在本性的水保持原樣。但相反的是，實際上我們總是不停用手翻攪，想試探水有多冷或多熱。這就是水變得混濁的原因。

無神通菩薩沒有神通的能力。這些菩薩連「修行」、「開悟」之類的字眼都忘得乾乾淨淨，是沒有奇妙能力的菩薩，是無法度量的菩薩，是對名聲不感興趣的菩薩。

坐禪並不像溫度緩慢升高的溫度計：「再多一點……是的……就是這樣！現在，我開悟了！」坐禪永遠不會是件特別的事，無論你練習多久。如果它變得特別，你一定是在某個環節掉了一個螺絲。

有些人甚至可以用他們的坐禪自欺欺人。他們認為，自己在禪宗溫度計上的溫度已經很高了。但這與坐禪完全無關。「單純地做」（只管打坐）才是坐禪。

念佛也是如此。你不應該為了有天能去天堂而念佛。你應該單純去做。這意謂單純地做佛陀所做的事。

我們不能節省地坐禪。正如同我們不能將誠實省著用，比如說：「我年輕的時候太過誠實，所以我決定：因為我已經老了，我現在可以時不時偷別人的東西。」

如果我們不警覺，就會開始相信佛法就像爬樓梯。但它根本不是這樣。現在的這一步，就是包含所有修行的一個修行，並且所有修行都包含在這一個修行中。

你說你已修行完畢。從宗教的觀點看，沒什麼比這更荒謬的了。

佛法中真正的開悟必須充滿所有時間、所有空間、天與地。那像蘋果或梨般被採摘的一兩個小開悟，根本不值一個屁。

如果你做了一件好事，你就不會忘記你做過好事。如果你有過開悟經驗，你就會陷入那個開悟過的知覺。這就是為什麼最好不要觸及善行和開悟。你必須保持完全開放和自由。不要滿足於現有的成就！

即使我說這一切都只是關於佛道的，凡夫還是會嘗試用佛法來提升自己作為人的價值。

當淨與穢之間存在對立時，就會導致兩者的鬥爭。你必須超越淨與穢。

坐禪很好：因為坐禪是經驗「大死人」的姿勢。[1]

1 「大死人」是放下一切執著的表達。禪宗語錄中，相似語詞如「大死一番處」、「大休歇處」、「大死底人」，皆是表達所有妄念都滅絕的狀態。

第十四章
致竭盡所能只為了開悟的你

我們不是為了獲得覺悟而修行的。是覺悟拉動我們修行。我們修行，並且一路被覺悟拖著走。

你不尋求道路。那道路會尋求你。

你學習，你做運動，你念念不忘自己的覺悟和妄想。甚至坐禪也成為你的馬拉松，以開悟為終點。然而，正因為你試圖抓住它，所以你完全錯過它。

只有當你停止這樣過度干預時，你的本然、同於宇宙的本來面目才會展現自己。

你說你在找尋生命之路。如果你只是為了滿足自己而找尋道路，那麼你所謂找尋生命之路是什麼意思？

追逐覺悟、逃離妄想，就如同買賣同一家公司的股票。

因為想成佛或開悟而坐禪，這是在追逐一個目標。坐禪是讓你停止想成為一個佛或體驗覺悟。

超越思考與尋求滿足無關。這意指牢牢地安頓在此時此地。

佛法並不能靠人的努力而得到。

一個特定的團體大聲疾呼：「我們必須開悟！」或說「我們必須見神！」從外面來看這些特定團體，都一樣奇怪。

佛法不代表個人的解脫。所以釋迦牟尼說：「我與大地有情同時成道。山川草木悉皆成佛。」佛法並非試圖獲得一種個人的覺悟。

人們甚至希望他們可以訂做個人的開悟。

佛法意謂著無我。

每個人都有自己的自我。但是，尤其在坐禪中，嘗試獲得個人的開悟是完全倒退的修行。無我不是一件屬於個人的事。

所以你想要你自己的覺悟，只為了讓自己安心嗎？你真以為佛法只為了你而存在嗎？

如果你不留意，你可能會開始認為你的獨特性是世界上最重要的事。然後你會忘記那充滿整個宇宙的東西。

當我說「悟」時，你認為我在談論一些個人的覺悟。所以讓我們直截了當地說：真正的覺悟是你甚至不能稱之為「悟」的東西。

你想成佛嗎？沒必要成佛！

現在就是現在。你就是你。

現在告訴我，既然你想離開你的所在之處，那麼你到底想去的地方在哪？

想藉由坐禪而成佛，就像坐在火車上時急著想回家，因此起身在火車裡奔跑。

修行開悟，這是世人喜歡想像的方式。但無論你讀什麼經文，你都找不到那樣的內容。沒有一個佛是通過修行而成佛的。所有的佛從一開始就是佛。

我們現在開始修行不是為了以後能開悟。我們每個人一直都是佛，什麼都不缺。只是我們在某處忘記了這一點。過去我們迷失了方向，現在我們可以開始運作，不仰賴任何事物。

我們的修行意謂，除了成為我們一直以來原本就是的佛之外，沒有任何其他意思。

過去諸佛大德所修行的只管打坐，並非意味著要努力成佛。

如果你相信佛或悟存在於坐禪之外，並認為你可以朝著這個方向努力，那麼你就錯誤地認為自己是個特別的存在。佛教的修行也就是以佛的方式實踐。

當你坐禪時，你完全不考慮成道而自然成道。

我們不是藉由修行而達到覺悟的。修行即是覺悟。每一步都是目的本身。

我們必須一直堅持我們的修行。誰會在乎是否有什麼開悟作為獎勵在等著我們呢？

大多數人已經失去了靈魂。除非他們得到報酬或表揚，否則他們不願意動用任何肌肉。如果你不在他們鼻子前拿著任何開悟作為獎勵，他們不會想修行。

青原行思問六祖大師：「什麼修行能超越階級和地位？」

六祖道：「你一直都在做什麼？」

青原回答：「我甚至沒有修行任何聖諦，」這意味著，「我甚至沒有開悟。」

六祖深表贊同：「如果連聖諦都不用修行，還能有什麼品階可談論？」[1]

1 摘譯自《景德傳燈錄》，此為長達數卷的一部傳記史，包含許多著名的中國與日本禪宗祖師、大德以及其他著名禪師的傳記。

這世界充滿了等級和階位：貧和富、重要和不重要的人。超越這一切的，就是佛法。

坐禪沒有好壞之分，沒有等級和階位。只有當你練習坐禪之目的為開悟時，才會有等級和階位之別。

一個人開悟了：這是人們喜歡談論的事情。人們不談論的是坐禪。

身心脫落意謂個人的修行和個人的覺悟都泯除了。

似乎有些人試圖讓佛法為人們服務。就像現在每個人都對自我提升很感興趣一樣。他們試圖藉由修行來提升自己並獲得覺悟。

然而很明顯的，除非我們放棄這種人類的野心，否則身心脫落不可能發生。

佛法不可執取。所以不要牢牢抓住它。鬆手吧。你到底在執取什麼？你以為手裡握有什麼，但看清楚：你緊抓的都是馬糞。因為你試圖把東西變成你自己的東西，所以你迷失在流轉輪迴的迷宮之中。

說妄想、覺悟的存在，那是世間的八卦這樣說，是他們能執取的。而佛法是無法被執取的。它超越了這一切。

區分迷與悟是世間的工作。佛法並非意指藉由破除妄想以獲得覺悟。坐禪的意思是不追逐也不逃脫。

佛法無量無邊。如果你不了解這個無量無邊，你就不能理解佛法。更何況，如果你從理解或不理解的角度來思考佛法，你就完全錯過了無量無邊的意義。

這就是為什麼在覺悟之外沒有妄想，在妄想之外也沒有覺悟。

第十五章
致不停炫耀自己開悟的你

你為什麼不乾脆把「我開悟了！」紋在全身？

如果你沒意識到你的胃，那就證明你的胃是健康的。如果你忘不了你的覺悟，那就證明你根本沒擁有它。

❁

凡夫開了悟，就叫禪天魔。那是因為他認為自己很特別。

❁

當你知道自己在做壞事時，就沒那麼嚴重。但當人們談論他們的覺悟時，甚至沒意識到他們在做壞事；他們就是如此病入膏肓、無藥可救。

❁

有些人被整個家庭所厭惡，卻仍認為只有他自己是正確的。如果你認為你是唯一對的人，那你必定是錯的。對某些禪宗居士來說，情況更是如此，他們認為開悟使他們變得非常重要——即使他們在家受到憎惡。

沒有任何妄想像開悟一樣難以治癒。

嚴陽尊者問趙州和尚：「再也沒有一個東西出現的話，如何呢？」
趙州回答說：「放手！」
嚴陽問道：「對我來說，既然連一個東西都沒有出現，我該放開什麼？」
趙州回答說：「如果是這樣的話，那就出去吧——把它帶走！」[1]

不要以你的修行為榮。很明顯，任何你引以為傲的覺悟都是一個謊言。

1 譯註：摘譯自《五燈會元》卷四「嚴陽章」；《從容錄》第五十七則「嚴陽一物」。

膚淺的人做錯事的時候，要等到被警察抓時才發覺自己錯了。完全不能察覺自己生活在妄想之中，就是因為你是一個凡夫。

❁ 你需要看清楚。

真正的覺悟意謂彰現你的清醒。這也意指你的感官覺受。你看得越多，就越能清楚看見自己的缺點。

❁ 豁然大悟意謂所有既定的概念都瓦解了，包括對於迷和悟的概念。

❁ 究竟妄想和覺悟離多遠？實際上，我們創造的妄想和我們覺醒的對象是同一回事。

❁ 開悟意味著佛法與現實無區別。

佛法是一個有趣的教法，因為它說諸佛與眾生都具有相同平等的自性。因此，佛法不將諸佛想像成高高在上或在彼岸的東西。

直到我們到達與佛無隔閡的地方、一個其實並無任何特別之處的地方，我們才不會總是感到徬徨、疲倦和停滯。

在哪裡你才真正感覺到回家？

你沒有旅伴；無論你往哪裡看，都沒有其他人！你必須自己找到那個地方，一個自己到得了的地方。

所謂「一生參學大事於此完畢」，即成佛之道已實現；它將穿透你的肉身。

開悟並非意指妄想的終結。

佛法沒有固定的道理。說我們已覺悟是太過頭了。說我們不會開悟又過度保守了。

大徹悟即為實際的真實之物。

如果你還談論修行的階位，表示你退步了。修行本身即是覺悟。

只要坐禪。

對於凡夫來說，這個「只要」似乎還不夠。他們想得到一些東西作為他們修行的回報。

「只管」這個詞很重要。去做就對了。為了什麼？不求回報！沒有任何祕訣——只有去做。

覺悟就像一個闖入空屋的小偷。他闖入了，但沒有什麼可偷的。也沒有理由逃跑。沒有人追他。所以也沒有什麼能讓他滿意的。

你真的不應該用「覺悟」這樣一個破舊的詞來炫耀。

你談論覺悟，但你所說的覺悟極微小。問題在於你的意識。只要稍微擴充一點你的意識，你就會明白這實在沒什麼。

你可以在世上任何地方獲得覺悟，就像我們每天呼吸的空氣一樣。我們不用在未來才得到覺悟。

有時人們請求我證明他們對佛法的理解無誤。但如果你還必須徵求別人的認可，你的理解就不是真確可信的。仍然有些人相信他們已經獲得覺悟，因為有人發給了他們證書。

如果你已經到達目的地，為什麼還要向其他人問路？

你聽說酒會讓人醉，於是現在你裝醉，才能相信自己真的喝了酒。這就如同某些形式的覺悟的表現。

覺悟現在成為一種技術。然而佛法與信心都不是技術。

覺悟不是一件麻煩的例行差事；它意謂變得自然。

第十六章

致對科學與文化的進步印象深刻的你

這陣子每個人都在談論進步，但我很想知道這種進步將帶領我們走向何方。

沒有動物會像人類一樣不誠實。人類吃著派對零食，圍成一圈跳舞；他們進行科學研究然後互相投擲氫製炸彈。

當你觀察水族箱的昆蟲時，你會看到牠們如何相互咬住彼此，用盡全力。從宇宙的另一個角落觀察人類是如何儲備原子彈和氫彈，一定很好笑。

表現得很聰明，同時又是最大的白痴——這就是人類的命運。

人們喜歡事情變得複雜的時候。儘管事情已經夠複雜了，即使我們想盡量保持事情越簡單越好，還是有些人努力讓每件事都變得特別複雜。

現代世界收集所有知識只為了最終要抵達一條死胡同。

在過去，人們也是白痴。他們耗費大量黃金和人力就為了建造城堡。這一切是為了什麼？為了互相爭吵。

今日的人們更加愚蠢。他們製造原子彈和氫彈，所以只需按一下按鈕就可以消滅人類。

與科學最不同的是，為何人類本身一點進步都沒有？

美國人只是凡夫，俄羅斯人是凡夫，中國人也是凡夫——所有凡夫都迫切地與其他凡夫競爭。

泥土不管你能堆積多少，它仍然只是泥土。

科學可以建立在他人成果的基礎上，因而能不斷進步。但人類不能以他人的生命為基礎，所以無法進步。這就是為什麼我們到處都能看到無可救藥的傻瓜帶著致命武器——這樣的混亂非常很危險。

有個白痴坐在電腦前，有個傻子坐在噴氣式飛機的駕駛艙裡，有個瘋子坐在原子火箭的控制面板前——這就是當前的問題。

在佛法中，我們不能靠別人遺留的東西而活。

科學能進步，是因為它可以建立在前個世代留下的基礎上。佛法則恰恰相反：它讓我們不再想以別人留下的東西為食糧。

每個人都在擔心人世，但關鍵應該在於終結這個我們所說的人世，並且讓每個人都成佛。

為人類服務的東西只會把人類帶入死胡同。

人們為物品談判市場價格，但這個市場價格不是你可以信任依靠的。可以在市場上議價的東西，只不過是隨著條件而聚合之物；那些是人造的產品。佛並非一種產品。

「偽」的漢字意思是「人為造作」。今天，我們認為文化是人為創造的。人為創造的世界不斷在變化。文化僅僅意味著人造設計的進一步發展。這即是為何文化是一個悲劇。

無論走向何方，我們能依靠什麼？只有生命本身，它往十方上下皆是無限的。

當我們仔細閱讀馬克思和恩格斯時，我們就明白整個事情只是關於如何分配戰利品。

即使全人類都遵奉共產主義，在每個人都獲得真正的自由之前，人們仍然會像現在這樣無休止地爭吵。

只要我們每個人還不是真正的自由，誰都無法真正享受內心的平靜。

第十七章
致說自己不能跟別人好好相處的你

每個人都在談論自己的觀點，但有誰真正在乎呢？你還是閉嘴就好！

有人說：「你以為我是誰？」就是一名凡夫，還能是什麼？

有些人以他們的財富為榮，有些人以他們的名譽和地位為榮，還有一些人以他們的覺悟為榮。但他們都只是在炫耀他們是多麼平庸的凡夫而已。現在的人真是太笨了！

人們總有一些他們無法忘記的東西。如果他們很富有，他們就忘不了他們的錢。如果他們很聰明，他們就無法忘記他們的大腦。如果他們有才華，他們就總是在想自己在這方面或那方面有多好。但不管是哪種，這些總是形成障礙。

只因為我們非常關心這個肉身之軀，我們才會認為自己富有、美麗或其他。但當我們死亡時，一切歸於一。沒有什麼是你的了。

我們總是致力提高自我之感。唯一的問題在於，我們能堅持多少年？當我們死了，我們的身體也不過是一塊肉。

同一個月亮，時而看來像在微笑，時而像在哭泣。有時我們只是在酌飲一杯清酒時才欣賞它。但不論人們看到哪個月亮，他們的意識只看到與自己的業相呼應的對象。那些都不是真的。

每個人讀報紙的方式都不一樣。

有人先看股票價格，另個人先看體育版。有人沉浸在連載小說，而另一人對政治最感興趣。他們之所以如此不同，是因為他們都迷失在自己的各種意識層中。只有離開這些不同的意識，我們共有的世界才能彰顯。

這個世界並不是依人類構想而創造的，它當然不符合我們的個人觀點。

你說：「這是我親眼所見！」沒有什麼比你的眼睛更不可靠。它只是凡夫的眼睛。

如果你認為你看到的世界是現實，那你就是在自欺欺人。

每個人只看到與他們個人的業感知相對應的東西。貓看見的和我不一樣。那麼一個重量只有蒼蠅千分之一的芽孢桿菌呢？它在想什麼？當然和我思考的事情不一樣。芽孢桿菌和我，對這世界與生活都有不同的觀點。

只有在我們畢其功於一役地終止這些業感時，真實世界才會彰顯。

人的腦袋都是僵硬的。每一種「主義」都是一個僵化形式。這樣的僵化是我們不認識佛法的原因——不管我們有多親近它。

你大喊：「和平、和平！」但只要你可以安靜，世界就會和平得多。

你總說：「在我看來……」但正是意見和理論出現之時，爭吵開始了。

當人們相信好與壞存在時，他們就會讓自己被當時的法律所操縱。過去，流血衝突是合法的，今天是非法的。過去，通姦是非法的，而現在是合法的。

我們相信好與壞、愉快與不愉快、對與錯都是存在的，而它們總有兩個對立面。但真的有兩個對立面嗎？不，真實只有一個——甚至那個「唯一」也是空的。

人們只需要自然就好，但他們甚至試圖將這個自然擠到一個框架中。而且因為每個人都有自己的框架，人們永遠無法達成共識。

每個人都有自己的意識界。沒有人的意識和其他人的一樣。它完全是獨特的、不同的。

「自我」不是固定的。

如果不是偶然機緣下出家為僧，我現在可能不會講佛法。我可能會成為一個黑幫老大，滿口都是：「現在我要讓你嚇破膽，你這條臭狗！」

自人類有歷史以來，瑣碎的爭吵從未停止。最大的戰爭都起源於這種爭吵的頭腦。戰爭只不過是用最誇張的形式表現出來。

「我必非聖。彼必非愚。共是凡夫耳。是非之理。」（聖德太子，《憲法十七條》）因為無論如何，都只是凡夫之間的互相開戰，所以每個人都是錯的，朋友和敵人都一樣。贏家和輸家無論如何都只是凡夫。

世界的衝突真是太可悲了。世人總是如此缺乏常識。

在一場為了灌溉水源的爭鬥發生之際，突然下起雨來。由於他們的爭鬥只是為了灌溉稻田，而雨水解決了所有問題。

美女和醜女，她們八十歲時有什麼區別？

洞然明白，一切是空的，本來的姿態就是如此。

第十八章
致一直抱怨沒時間的你

每個人都在抱怨他們太忙了，沒有時間。但問他們為什麼這麼忙？他們說因為煩惱的驅使而讓自己忙碌。

修習坐禪的人則有時間。當你開始坐禪，你擁有比世界上任何人都多的時間。

如果你不小心，你會為了掙一口飯吃而老是小題大作。你總是很匆忙，但為什麼呢？只是為了養活自己。

畜牧場的雞啄食時也很匆忙，但為了什麼？最終也只會被人類吃掉。

一個人一生中會產生多少煩惱？多到無法計算。日復一日，「我想要這個，我想要那個」。在公園裡漫步一次，伴隨著五千個、十萬個煩惱。而這就是所謂的「我很忙」。

人們總是上氣不接下氣——因為他們急迫地追趕各式的幻影。

你想從此處的生活解脫，到達彼處嗎？這正是我們說的「流轉輪迴」。

交通的發展使世界變小了。現在我們開著車到處跑，但到底要去哪裡？去撞球場遊戲廳！我們踩著油門，只是為了消磨時間。

有的人打了一夜麻將，就為了第二天早上趕緊吞一把維生素，眼睛腫了還是得上班。

在古代的禪宗公案中，您經常聽到「你從哪裡來」？此處所指，不是要問出一個地方。我們都來自哪裡？有些人渴望性，他們來自性欲。那些貪財的人，來自貪婪。「請給我一封推薦信！」說這話的人，是來自對事業和名望的渴望。

「我必須做這件事，我必須做那件事，我沒有時間了！」這就是有些人完全瘋狂的原因。他們應該怎麼做？最好的事情是什麼都不做。他們只需要冷靜下來。

不進行任何人世間的活動——這就是坐禪。

大商人和政客總是抱怨他們太忙了。但與此同時，他們有機會便與兩三個情人交往。因此，問題很簡單：對我們來說什麼才是重要的？

逃跑不會有盡頭，追逐也沒有盡頭。這種時刻，我們毫無怨言地專注於禪坐。

沒有什麼比活出結跏趺坐姿勢的生命更寶貴的了。

浮游於世間，猶如浮於無心之雲。這不是浮動得多快的問題；一切都在無心間移動。

一切皆依緣起而生；沒有恆常不變的自性。

雲也一樣：既不是存在，也不是不存在。它同時既存在又不存在。

而現在，每個人都在為這個問題絞盡腦汁。

第十九章 致在職場上跌跌撞撞的你

當你死時回顧人生，你會發現，一切都無關緊要。

❁

這些事一點都不重要。別哭了！多麼浪費你的眼淚。成熟一點，睜開眼睛。你會發現你現在不過是小題大作而已。

❁

有時你會聽到戲裡的演員說：「那我該怎麼辦？我怎麼做才好？」我從來沒想過這種問題，因為我只會對自己說：「這些事根本不重要！」

❁

幸與不幸、好與壞——一切並非都是你眼中所見的樣子，而且也不是你所想的那樣。我們必須超越幸與不幸、好與壞的評判。

人間的知識，只是我們從被煩惱與業障遮蔽的細孔所窺見的世界。一旦我們不再盯著被煩惱與業障遮蔽視線的世界，真實的世界就會出現在眼前。

我們必須擺脫這個業的世界，而不是在其中拼命工作。

你訴說著你的煩惱和憂慮，但你的煩惱和憂慮到底由什麼所構成？這不就像有人用手接住自己的屁，聞了聞，然後說：「哦，天啊，真臭！」

你擁有的時間越多，你能放屁的時間就越多。在某個時候，你應該會開始了解真正的痛苦。

你想在絕望中吊死或淹死自己嗎？回到現實，醒來吧！

因為你把一切都跟你自己連結起來，所以每件事看起來都是個大問題。沒有頭腦的地方，沒有任何一處會有問題。

你受苦是因為你不想接受必須接受的東西。

信仰意味著超越思考。也就是隨順一切的意思。

你擔心死亡嗎？別擔心——你肯定會死的。

第二十章

致喜歡聽鬼怪故事的你

人們經常問我，鬼魂是否真的存在？那些會為這種事絞盡腦汁的人，我稱之為鬼。

人們都說死去的人才變成了鬼，但這說法只有在生者存在的情況下才是正確的。當生者都死了，就見不到任何鬼了。

一切不都是幻影嗎？只因為我們不願承認這個幻影就是幻影，才會在生死中流轉輪迴。

每個人都在做夢。僅僅是個人不同夢境之間的差異問題。

當你在做夢時，你並不清楚自己在做夢。如果有人在夢中打你的臉，你會感覺很痛。但這種痛也只存在於夢中。

一些內褲掛在樹枝上晾乾。有人看到，以為看到了鬼。也許你認為這樣的事不太可能發生在實際生活中，但當我們想到「我需要錢」、「我要當部長」、「我要出人頭地」時，我們不都就像是把內褲當成鬼一樣的狀態嗎？

每個人都在談論「真實」，但那只是一個夢；只不過是夢境中的真實。

當人們談論革命和戰爭時，我們認為那是非常特別的事正在發生，但除了在夢中掙扎之外，那還能是什麼呢？

當你死去時，你會認清你在做夢。在那之前，不結束夢境的人就是個凡夫。

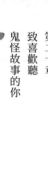

我們既不能計劃也不能排練我們的夢境。同樣，佛法是一場夢，教法是一場夢。夢在夢中教導夢。

如果有人在夢中請你吃飯，那也只是一場夢。它沒有任何營養。

你在自己的煩惱中徘徊留連，就像夢遊症患者一樣地過生活。

即使我們裝出一副平靜的面孔，內心深處卻在醞釀各種煩惱。

一年後，回想一下你昨天坐禪時浮現的妄念，正如語錄所形容的「泥牛入海」：「我見到兩頭泥牛相鬥，到海裡就消失不見了。從那以後就再也沒聽過牠們的消息。」[1]

1 譯註：摘譯自《景德傳燈錄》卷八「潭州龍山和尚」。這個故事是洞山良价禪師問龍山和尚如何開悟？龍山和尚比喻固執與煩惱就像泥牛，自我內外喜歡相鬥，但很容易溶解。一旦開悟見性，那些情緒就像泥牛入海，一去不復返了。

第二十一章
致想要更多錢、愛情、地位和名望的你

天地給予、空氣給予、水給予、植物給予、動物給予、人們給予。萬物互相給予自己。

只有在這種相互給予之中，我們才能生存——不管我們是否對此心存感激。

❁

沒有人是因為個人功績而被授予生命的。沒有人能僅僅靠自己的力量活下去。但是儘管如此，我們仍然只關心自己的錢包。

❁

所謂愚痴就是全神關注於自己的五尺之軀。智慧則是：「我就是我，無論事情將如何結束。」

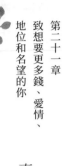

外道之人，是一心只想得失的人。而天魔是從中獲利的人。

你是如此無聊：板著臉、抱怨沒錢、沒飯吃、負債累累。只因為你相信你有權揮霍、享受生活，並且要一直感覺良好。所以你才這麼埋怨貧窮。

戰爭期間，有次我參觀了一個煤礦區。我穿著和礦工一樣的衣服和頭燈，進了電梯，然後向下移動。某段時間，當我們往下移動時，我卻覺得好像突然往上移動，但當我順著燈看著豎井的牆壁，我看到我們還是在向下。這段路程一開始，當我們在加速向下的時候，我真的感覺到自己往下移。而只有當下降速度改變時，我才覺得好像又要上升了。

與這個經驗完全相同的是，當我們思考我們的生活，如果我們將波動的狀態誤認為是最終的結果，我們總是會出錯。

說你已經開悟，只是對於不斷變化的平衡點的一種詮釋，就像迷失在妄念中一樣。說「很好」是對平衡點的一種詮釋，說「很差」是另一種詮釋。「富有」也是一種詮釋，「貧窮」是另一種詮釋。

很明顯的，向來貧窮的人會比前一刻還是富人的人，所遭受的貧困感要少得多。

雖然你並不真的很餓，但你仍說你沒東西可吃。光是這一點就能讓你餓了。言語製造出惡夢，而每個人都非常重視言語。

我教會我的鸚鵡說：「我很快樂！」有一天，油燈翻倒了，一切都著火了。我的鸚鵡猛烈地拍打著翅膀，喊出最後一句話：「我很快樂、我很快樂！」——然後牠就死了。

我們不斷被自己的身心所誤導，而我們甚至沒意識到這一點。

在無常的世界中，我們盡可能在自己的名字之下向前邁進。然而，我們不都是赤裸裸地出生嗎？直到後來我們才擁有自己的名字、套頭衣物和奶嘴。一旦我們長大一點，我們就會突然關注自己的重要性、力量、聰明才智或財富，只為了讓自己出名。但到頭來，我們還是一樣赤身裸體。

我們構建的「世間」只不過是沙漠中的海市蜃樓或冰雪宮殿。在另一個時間，另一個地方，一切都會融化。

每個人都睡在佛性的床上，卻也只是在上面做夢、妄想。

佛陀說：「一切皆是實然。沒有一個迷失的眾生。沒有任何可以感到激動的理由。」但是迷失的眾生仍會自顧自哭泣地喊：「不！事情一定不是這樣！」

有道之心，就是為他人而忘記自我。若為己而忘人，就是無道心。

損失就是覺悟。
得利就是妄念。

只有當你會為了他人而完全放棄自己時，你與他人之間的差異才會消失。
這就是在你自己得救之前，先救別人的意思。

不貪圖任何一件事，是你能給十方世界最大的供養。

一切都是互施恩惠的世界觀，這提供我們一個清涼並且清晰、廣闊而無限的視野。這與「人皆為己」的世界觀完全不同。

佛陀的慈悲不同於單純的憐憫。佛的慈悲為我們提供一個棲息的枝枒，無論我們如何跌跌撞撞，都不會掉落。

大心就是佛心，這意味著一天二十四小時的生活都不著念於任何東西；意味著不被世間的習俗慣例所制約。

第二十二章
致想過得更幸福的你

你只是需要休息一下。成佛，意味著從作為人的旅程中短暫休息一下。成佛並不意味著要像人類一樣努力生活。

凡事人們都跟隨著自己的喜怒哀樂。但這與心的正常狀態不同。心的正常狀態就是停戰的平靜狀態。沒有喜好、沒有仇恨、沒有輸贏、沒有善惡、沒有快樂和痛苦——這就是所謂的平常心是道。

當我們真正掌握事物的真實面時，我們擁有什麼？這是超越思考的「非思量」。「非思量」不會讓自身涉入思考。不管你是否這樣認為、是否同意，事情就是如此。

「一切皆空」的意思是，沒有任何可以衝突的東西，因為沒有什麼真正發生過。我們只是因為陶醉於某事，才會認為那件事正在發生。

什麼都沒有發生，不管看起來像是發生了什麼——這就是自然而然的狀態。反之，迷惑意味著並非處於這種自然狀態。

通常我們無法認知到這種自然狀態。通常我們用其他東西覆蓋了它，於是它不再自然了。

佛法就是自然而然的狀態。然而在這個世界上，一切都是不自然的。霸道、屈服、凡事都要討論到底，這些都是不自然的。

重要的是不勝不敗——得勝不失道，敗事不失道。

可是現在的人，贏了就失去理智、失去方向；當他們輸了，就還是輸了。有錢的時候就迷失，失去金錢時也就徹底沒錢了。

「如果你照著這樣做，你會得到這個結果。」在娑婆世界是這種道理在運作，而在佛法裡並非如此。

「照顧別人不是指任何人都要照顧。我自己家裡有孩子，如果我現在照顧他們，他們以後就能照顧我。」這就是娑婆世界的邏輯。

單純做無用的善事，並非那麼容易。修行就是身心脫落、脫落身心。

打架、泡妞之類的粗俗行為，顯然也屬於煩惱之事。然而真正的問題並不在於這些粗事，而在於更細微的煩惱。我們必須專注於更細節的事。

「頭腦與事物的本然實相合而為一。」不要困在任何事情上，保持開放。

既然沒有任何單一事物存在的地方，任何單一事物都不存在。1

「空」指的是每一件事、所有的事。

每顆馬鈴薯，無論多小，都與你有關。每個茶杯，也都與你有關。

真正的空，是連「空」都無法言喻的空。

當你談論天堂時，你把天堂擠進了一個框架裡。真正的神是忘記神的神；甚至停止讓自己成為神那樣的神。

時時刻刻都把充滿整個宇宙的東西供養給一切的萬事萬物，這即是三昧。

1 譯註：此處表達「本來無一物」的意涵。

在佛法中，一並非只是一，有並非只是有，無並非只是無。在佛法中，一即是一切，一切即是一；有即是無，無即是有。

有次有人問一位數學家，數字「一」是否真的存在。他的答案是：事實上，數學是在假設數字「一」存在的前提下才能運作。

在佛教中，我們甚至不假設「一」的存在。所謂「因一而有二，亦勿執此」。一即是一切，一切即是一。

「如如」就是對整個十方三世不存在絲毫偏執。

每一處都充滿了天地；每個瞬間都是永恆。

佛教修行意味著完全活出當下，也就是我們此時此地的整個生命。

修行不是你可以堆積起來的東西。也不要把它變成任何東西的工具。日常生活的每一方面都必須是佛之修為。

狼吞虎咽地吃完飯，為了之後要坐禪，不是好的作為。我們也不是為了工作才要吃飯。順其自然地吃飯就好了。在你吃飯的時候，就吃飯。吃飯就是修行。

不要說「濟度眾生」、「修行」之類的奇怪的話。只要你用雙手雙腳所做的每一件事情都是端正的舉止，就足夠了。

認識到無常意味著不再為了自己而執取任何東西。

你大聲說「事實」，但事實不是固定的。一切都是無常的。

「過去心不可得」，意指過去的已經過去了，已經不存在了。「現在心不可得」，意指現在不會永遠靜止不動。「未來心不可得」，意指未來尚未到來。[2]

簡而言之，一切都意味著無常。

無相的基礎是什麼？沒有任何事物不是基於無相。但當我們試圖讓無相保持不變，它就變成一種形式。無相指的是不追逐也不逃離。

每個人都迷失在顛倒與妄想中。人們哭泣、歡笑、沮喪或快樂、互相祝賀或嘁嘴貶抑。而當我們停止這種妄想時，這一切都將不復存在。

為此，我們必須按摩頭部。我們必須放輕鬆，才能不再顛倒看待事物。

如果你的頭皮像葡萄柚一樣厚，那麼任何東西都無法穿透。如果你的腦袋

2 譯註：「過去心不可得，現在心不可得，未來心不可得」，出自《金剛般若經》。

像士兵一樣簡單，你就缺乏靈活性。你的頭腦必須涵蓋一切，整個宇宙。這就是無上之道。

就算我們說，只管打坐就夠了，餓了還是要吃飯，錢花光了還是得去乞討。但如果我們不夠覺察，我們就會把它變成例行公事。

無論我們做的是什麼善事，一旦成為例行公事，就不再是好事。我們不能執著任何東西。這是保持自在的關鍵。

不要把佛道擠壓進任何框架裡。

不能認識到差異的人是笨蛋。凡夫經常被差異所困擾。

我的一個天賦是，我總是能回到小時候那個叫才吉的跑腿男孩。

如今，當我要出門遠遊時，有人會拿一堆紙讓我寫字，有時我會有點生氣。但後來我會投入其中，像過去那個差事男孩才吉那樣。

在那段日子裡，當我結束漫長的一天回到家，如果沒帶任何錢回來，也沒接到任何指派任務，只要想到歇斯底里的繼母在等著我，我就害怕得發抖。作為才吉，我對每個指派的命令都感到很高興，即使我的肚子空空如也。

第二十三章
致說醫生與和尚過得很好的人

明治元年，法隆寺五重塔以五十日幣的價格掛牌出售，一直無人問津。後來好不容易找到人花三十元買下興福寺五重塔，他只想把它燒掉，換成金子。他們告訴這位買主：「如果你這樣做，整個奈良城都會被燒毀！」所以他說：「好吧，隨你們怎麼去吧！」這是寶塔得以保存至今的唯一原因。

這種寶物的市場價值也會隨時間變化。市場價值變化這件事對事物沒什麼好處，我們完全不需要它。我們有更重要的事。坐禪才是最重要的。

大人教給孩子的往往都是一些過時的觀點。好就是好，壞就是壞，這樣的觀點已經過了適用的時代。即使是曾經很新鮮的蔬菜，一旦過了最佳期限就不能食用了。

我們必須始終能從全新的角度看待事物。你說：「這很重要。」但什麼是重要的？沒有什麼是那麼重要的。無論如何，當我們死去時，必然就要把一切拋在腦後。

奈良或京都的文化財和國寶遲早會消失，所以我們現在就可以放火燒掉它們！

最近京都有些寺廟在經營旅館或民宿。真奇怪，有些人除了錢和食物，什麼都想不出來。

良寬死的時候有沒有留下錢？沒有，聽到這個我們鬆了一口氣。

但在娑婆世界上，人們的想法與此不同。現在我們可以看到，出家人的思維方式與世人的思維方式完全相反。

現在的出家人並沒有離開過他們的家。他們只是從茅草屋頂的小屋搬進了黑瓦屋頂的房子。就像一個麵包師傅的兒子，把家裡改建成一個火葬場。[1]

在某些佛教儀式中，師父要經常更換他的袍子。這就是為什麼有人曾經說過：「僧侶與藝妓並沒有太大區別！」小心點，否則出家人也會落得如此下場。

出家比丘指的是一個完全放下的人。這意味著放棄群體的愚蠢性。今天的僧侶們只想執著於事物。這就是為什麼他們一無是處。

1 澤木老師經常凸顯僧侶（坊主；お坊さん）和比丘（僧或出家人）兩者之間的鮮明對比。他經常以專注於經營寺廟和賺錢業務來描述僧侶。相對於此，當他談到比丘時，通常指的是一個人為了精進佛教修行而出家，以及放棄所有伴隨出家而來的物質利益和執著。

如果你餵食貓，牠會停止捕鼠，被寵壞的狗也會開始不盡忠守望。即使是人類，當他們有了錢並且凡事變得輕鬆時，也一樣不會好好工作。

三百年來，德川幕府的政策就是用美食和暖袍來控制僧侶，使他們最終像野豬一樣退化為普通的畜豬，失去了獠牙和爪子，任由他們的骨髓被別人吸取。[2]

今天的僧侶以身為僧人為恥。為了盡可能不被人認出僧侶身分，他們只有在進行法事時才穿僧袍，但又只有作為僧侶他們才能謀生。這是他們的困境。

2 在德川時代（一六〇〇～一八六八年），佛教寺廟受益於一種寺壇制度，該制度要求所有日本家戶必須在寺院登記戶籍，並由壇家提供經濟支持。僧侶還必須監督這些家戶並向政府報告，特別是要確保他們沒有信奉基督教，因為德川幕府認為基督教對政府構成了威脅。後來，當明治初期廢除此項制度時，出現了短暫的反彈時期（一八六八～一八七四年），許多人摧毀數以萬計的寺院來表達對先前這種壓迫制度的強烈不滿。

天主教神父則總是穿著長袍。他們以穿著長袍為榮。這樣是好還是不好？

當僧人卻不做生意，並不容易。然而，僧人不應該與任何商業活動有真正的關係。一個人應該朝自己的目標無所畏懼地出發。佛教徒必須對生活有明確的態度。

生活在社會上的每一天都是考驗，而且一輩子都不能失敗。最重要的是那顆救度眾生的心。

即使你只生氣一次，受苦的眾生就不會靠近你。即使你只貪心過一回，受苦的眾生也會離你而去。這是你必須熟悉的社會思維方式。

第二十四章 致說僧侶經營的是輕鬆生意的你

如果僧侶搞砸了一場葬禮，導致鬼魂因此大肆出沒，那就太有趣了。但即使僧侶搞砸葬禮，鬼魂通常也無反應。這就是為什麼僧侶的生活漂浮在渾沌之中。

❀

如果電線連接的方式不正確，收音機或電視就無法傳輸圖像或聲音。與此相比，僧侶們就顯得更草率了。我看到的都是僧袍亂糟糟的僧侶，他們甚至不知道如何坐禪或托缽。

❀

僧侶們拼命想透過口頭上說佛陀的教法來度過各種考驗，而在家居士們則希望在聽僧侶們口頭說教時得到某種收穫。這些口頭背誦出來的言語，怎能跟佛陀的教義有任何關係呢？

今日的僧侶說：坐禪不再受歡迎了。他們說：澤木已經與時代脫節。

佛教必須能接觸某種共產主義和民主政治都無法任意忽視的東西。佛教也必須具有某種能力，能引導我們通向共產主義和民主政治都不能到達的地方。

要是佛教徒堆積起來的那些裝飾不那麼礙事就好了。

僧侶們喜歡問：「佛教未來會變什麼樣子？」但是誰說佛教已經走到盡頭了呢？是誰說釋迦牟尼和達摩是笨蛋呢？不就是那些沒真誠道心的僧侶，而他們不才是笨蛋嗎？

既然我實在說不出口，我寧願反問一句：「那你的信眾呢？他們到底相不相信你？」

禪僧是過著以佛法為中心、自由生活的人。

真正出家的比丘，必須清楚看見永遠不被汙染的本來的自己。這意味著創造你自己的生活，讓它充滿整個宇宙。

剝掉所有印度神話和中國神話，只實踐佛法原初未包裝的內容——過著禪師的生活。

稍一不慎，宗教人士之中就會突然出現觀眾。一旦有觀眾，事情就不再是原來的樣子了。他們會把宗教變成表演。

禁慾苦行主義只不過是尋求激勵。過去的僧侶有些是為了尋求這種激勵，要不然就是一無是處。然而這上述都與宗教無關。

有些人總說：「我不結婚！」——人們戴著許多不同的面具。

並不需要魔術表演。如果我們不小心謹慎，宗教就會變成一種魔術表演。

「下面沒有其他人」，也就是「沒有任何觀看者」。如果有觀看者出現，那就變成不知何時出售，但隨時都可賣掉的待售商品——然而三昧並不是可以買賣的商品。

如果僧侶不小心，他們就會開始表演——而且是一場笨手笨腳的滑稽表演！曾幾何時，還有些明星能了解何謂精湛的演技，但現在已經很難找到了。反正那些明星就算演戲了，也只是演員而已。

當我們忘失無上菩提時，我們就會開始比較自己與其他凡夫的能力高低。然而我們只需要相信無上菩提。

你知道在世俗意義上的無足輕重意味著什麼，但你還必須真正了解就宗教的世界而言，那些被認為是很特別的東西並沒什麼特別。

你真正的動機是什麼？遲早，你必須誠實問自己這個問題。你是不是有時會不自覺把自己變成一個只顧自己表演的表演者？「闉堵自明瞭，余仁所不見。」（《法華經・法師功德品》）一旦提及觀眾的時候，就和佛法沒有關係了。

今天的僧侶想為社會做點事，所以他們把富人的錢給窮人，並且扮演仁慈的角色。但這跟佛法一點關係也沒有。

佛法只能靠自己修行。

當組織出現時，它就不再是宗教，而是商業活動。

有一種惡行叫做「做好事」。

本山寺院中的一群雲水[1]僧侶正響亮而敏捷地朗讀《證道歌》，朗讀至一半時，前來寺院朝聖的群眾充滿了敬畏之感。我不知道這究竟有什麼令人敬畏的，但不知何故，每個人都無比敬畏。

這些雲水僧人聚集在一起，只因為他們想獲得他們的證照資格，本山寺院便透過召集這些僧人來做生意。中國的寺廟也是如此。這就是他們做生意的方式——但卻不願意承認這些都是生意。

現在佛法的式微，是因為修行衰落了。人們就是無法確實理解「修行本身就是覺醒」的觀念。

1 譯註：即居無定所的行腳僧。

為什麼日本佛教一文不值？因為在日本你會找到非常多的佛教寶物，但卻沒有人修行。然而，沒有修行，就不會有佛法。即使已經有佛法的種子，如果不修行，也起不了任何作用。

第二十五章
致想學習佛法以提升自己的你

當旁觀者只顧玩弄術語與觀念的遊戲時，我們稱之為「戲論」。

佛法對任何旁觀者而言是無用的。它是關於你自己的。

宗教並不意味著改變我周圍的世界；它意味著改變我自己的眼睛、我的耳朵、我觀察世界的方式和我的頭腦。

人的身體是用很巧妙的方式組合起來的，但我們到底要用這個很巧妙的身體來做什麼呢？通常，我們把它當作被煩惱支配的奴隸。

佛法意指，以一種不會讓身體成為我們煩惱的奴隸之方式使用身體。這意味著讓身和心都井井有條。

佛法不是一個想法，而是關於「我如何處理自己」的問題。

佛法就是把絕對之事付諸實踐，通過實踐來實現它。

佛法就是不斷精進，但不為自己得到任何東西。[1]這並不是問「我必須做什麼」就可以決定的。

儘管如此，你依然必須做你必須做的事，同時，你不能做你不該做的事。當你必須付出一些東西時，連你自己的腦袋都得付出。當你什麼都不該給時，連舌尖都不要動。

1 譯註：即「常精進，無所得」之意。

修行不在於事物中；它在行動中。

「唯佛與佛，乃能窮盡。」（《法華經．方便品》）

只有貓能理解另一隻貓的感受。只有佛才能明白佛法。只有修行佛法的人才會是一個佛。

不修佛法而去想像佛的樣態，這與佛法無關。

當宗教被觀念麻痺時，它就毫無用處。宗教就是生命，生命必須不斷前進。

如果你除了一句口頭禪「南無妙法蓮華經」之外就無話可說，你就會陷入困境。生活必須能向各個方向躍動，縱橫無盡、自由自在。不要變成木乃伊，讓自己乾枯。

世人都認為佛道的修行就是把煩惱一一斬除，就像把燈調暗，直到突然間它完全熄滅一樣。

但大乘修行是「誓願救度一切眾生，自未得度先度他」。為了讓自己對眾生有用，有必要刻意保持煩惱以留惑潤生。

這意味著我們必須完全是屬於人的樣態。若只是保持單調而完美的姿態，對任何人都不會帶來好處。

在宗教中最重要的問題是，你如何過你的人生。

佛法不是什麼古老的傳說，例如「從前有一個老男人和一個老女人……」。這不是童話故事。

佛法根本不該與你自身的問題分開。如果離開了自己，離開了這個剎那，就沒有佛法。

佛法不在遠方；它也不是歷史——它就是你！

任何社會關係，無論是具有等級階層的關係還是平等的關係，都與佛法無關。以上這些關係都不是絕對的。只因為凡夫的感受，我們才認為它們是真實的，並且依賴著它們。

難道你看不到你現在抱在懷裡的至親終究會死嗎？即使是百萬富翁也會在時間到來時離開。

老人總是談起他們非常懷念過去的美好時光，而年輕人總是取笑他們。但年輕人實際上又在做什麼？他們會說：「只要等我們長大！」所以，現在無論老少在做的都只是一種權宜之計。

人們在各種關係中笑、哭、生氣、抱怨和受苦。「從這一世流轉到下一世」意味著他們依賴這些關係，而忽視了當下。

描述這些混亂的關係，就是我們所說的文學。坐禪，是在此時此地擺脫這些關係。這就是為什麼與這一切都無關的道元禪師並不會成為很好的小說素材。

世間由紛亂困惑所主導，因為各人皆以自己的尺度量測對方。佛教講的是無論大小廣狹、無礙自在。

佛法無量無邊。如果你想了解佛法，卻不注意這個無量無邊的特質，你就會完全錯過它。

第二十六章

致喜歡聽佛教勵志語的你

許多人說：「無論澤木講多少話，他的講課對我來說一點激勵效果都沒有！」

很顯然，那是因為我不屬於「勵志」型。佛法會帶你到一個沒什麼特別的地方。

❀

他們說：「我聽到澤木說話時，信仰就會冷卻下來。」現在我真的要把他們的信仰冰封起來——他們這種信仰只不過是迷信。

他們說：「澤木的談話無法喚醒我的任何信心。」我的語詞不會喚醒任何迷信，僅此而已。

無論你讀什麼佛經，目的都是要將你的身體和生命投入佛道之中。為什麼全世界都認為信仰宗教就是以拜佛來祈求身體健康、生意興隆？

不管他們做了多少好事，人類所做的一切都是壞的。例如你在布施後，整天都在想，「我已經奉獻了」；或是你在修行，然後一直想「我有修行了，我有修行了」；或是你做了好事，永遠不會忘記「我做了善事，我做了善事」！

那麼，這是否意味著我們應該做一些壞事呢？不，即使我們做好事也是壞的，但當我們做壞事，情況只會變得更糟。

謹防行善。

做好事的人認為他們做得很好。這就是為什麼他們比做壞事的人更糟糕。

相信我，那些做壞事的人反而更容易教導，因為他們為此感到謙卑。

如果你做得好，你會開始為你突然在別人身上看到的那一切壞事而振奮自信心。而當你做了壞事，你會安靜下來，因為你已坐立難安。

人們不僅會為金錢精打細算。他們為自己所做的每一件事，都試圖在心裡討價還價。那是因為他們身心沒有脫落。一旦身心都脫落，所有這些算計就停止了。

身心脫落意味著不可測量性、無限性。

「楊柳是綠的，花瓣是紅的。」佛法是不證自明的。但人們用不必要的標籤來掩蓋它，例如：好、壞、有用、無用等等。

人們不是單純坐著坐禪，而是試圖在禪坐上播放一段旋律。這就是為什麼他們能唱各式佛頌，並在此事上感到虔誠與熱衷。

「做好事，遠離壞事。」這點是毋庸置疑的，但好與壞有那麼清楚嗎？好與壞經常相伴而來。

坐禪超越善與惡；它不是一種道德教育。

如果空或無是「存在」的，那它就不是真正的空無了。所謂「空觀」，是指連空觀都沒有。

只要你不生病，你就會忘記自己的身體。我甚至忘了我的雙腿，當它們還強壯得可以走路和跑步。我的雙腿現在對我來說很重要，因為它們變得太虛弱。當一個人是健康的，他就不會意識到自己的健康。

缺陷才會困擾我們。當沒有特別的心理現象出現時，就表示沒有什麼可擔心的。

佛教教導的一定是跟契約和言語無關的解脫。只有佛與佛才能相互傾訴。如果他們不能一起理解佛法，佛法就永遠無法被理解。

第二十七章
致開始懷疑自己真實本性的你

你無法堅定地依賴自己。就在你放棄自我的那一刻，你會意識到自我與宇宙合一。

正是我從來不曾想到的那個自己，才是真正的我。

「盡十方界自己光明」——整個宇宙都散發著自我的光芒。
所以，我充滿了整個宇宙。我不再是那個翻弄著零錢包的傻瓜。

這個身體就是整個宇宙。如果你對自己沒有那種信心，你就會有一個無法隱藏的弱點。一旦你開始嫉妒或情緒不穩的時候，這弱點就會顯示出來。

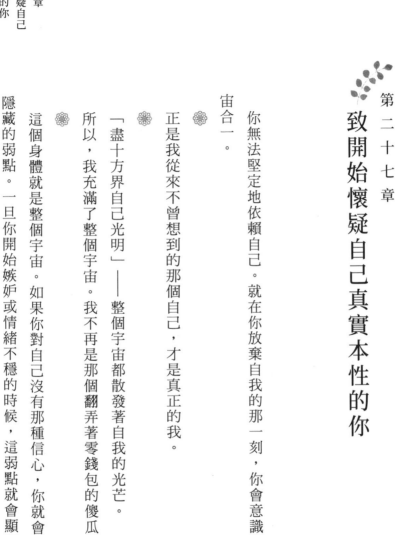

不論怎樣思考，都相信自己就是整個宇宙，此即信心。只有這種信心才能支持在信仰上的精進永不消盡。

我們每一個人，不管我們是否知道，都有佛性。這意味著你被含括在萬有當中，同時也顯現了世界一切現象的實相。[1]

展現在你面前的就是實相。懷疑這點也是徒勞的。

學佛就是學到一種不會被扭曲的自己、不會被誤導的自己。

忘掉你出生以來學到的一切吧。

1 譯註：此處為佛教術語「諸法實相」之含義。

所謂「身心脫落」，不過是不再執著於「我」、「我所」、「我的」，僅此而已。

❀

《學道用心集》寫道：「觀無常，此即名為菩提心。」

《大日經》說：「所謂菩提，即是如實地了知自心。」這意味著要「觀無常」，最重要的道理是實實在在地了知自心。

❀

「無我」並不代表要我們像一個白痴一樣行動；它意味著與宇宙合而為一。

❀

無我的另一面是，接受一切事物的真實相。

❀

無我、無心並非意謂在無意識狀態中漫無目的漂浮。

無心意味著不反抗必要之事物。也就是臣服於宇宙的秩序，並與宇宙一起運行。

生命在時間之內嗎?不,恰恰相反:時間在生命之中。又,在你的修行之外沒有生命。

當一滴水流入大海,當一粒塵埃落在大地,那滴水已經是大海,那粒塵埃已經是大地。

當宗教理念的洪流達到頂峰時,它們就會到達佛教所說的「洋溢於天地間的自己」。

萬物皆包含於我身當中。這就是為什麼在我的行為舉止中,我也必須注意別人的想法。

行佛之道不應該對社會無所覺察。

佛法與常人的觀點直接地對視而望；這也就是真諦與俗諦此二諦的意思。[2]

迷惑的眾生正是佛陀最重視的對象；這就是為什麼佛法在這點的解釋必須非常謹慎。

正因為我們感恩於社會，所以每當我們使用某個物品的時候，我們想到的是在我們之後可能會需要它的人。

如果你有「心」，你總會找到什麼可抱怨的。如果你「無心」，你也沒有慈悲心。既不要有心也不要無心。很難。但那意味著從不思量的深處進行思考。

所謂超越思維的「非思量」，就是浩瀚無邊，可以包容有心，也可以包容

2 譯著：諦指真實不虛的真理。真諦是出世間的真理，俗諦是世間的事，合稱二諦。

無心。

佛沒有定相。這就是為什麼我們無法衡量佛。

當你問什麼是佛教時，答案是「學習佛道就是學習自己」（《正法眼藏・現成公案》）和「如實知自心」（《大日經》）。

所以，當你問我們為什麼開始行腳修行，答案必定是，我們終於要踏上探索自我的旅程。

但如果你不謹慎，你可能最終會像幽靈一樣四處奔波一輩子，卻不知自己在尋找什麼，也不知為什麼要尋找。

出門修行、腳踩草鞋四處行走、腳底長出水泡，只為尋求那稱為無自性、無所得之物。然而，這個修行不是外在的。它將光回向返照，朝向自我的內部。

你聽說過安樂之法門，可是這個安樂並非世人所認識的那樣。完全終結世俗的安樂，才是真正的安樂。

佛法不在遠方，但我們也不能指望白白獲得，這就意味著要清楚了解自己。

第二十八章

致認為佛教是史上最偉大思想的你

思想是當一切都已各安其位的時候，基於事物展現的樣態。佛法則是關於尚未解決的問題。所有事物一直在變動中。

宗教不是一個思想；它是一種修行。

實驗對科學家的意義，就是真正的修行實踐對我們的意義。就像如果沒有實驗，科學就沒有價值可言；如果沒有修行，佛教就沒有意義。

不要迷失在佛法的思想概念中。

小心不要把佛法當作罐頭食品來對待，那樣會跟真實的世界無關。

你的各種說詞和那些故事，就像從你嘴裡說出來的其他事情一樣愚蠢。你臉上的表情已說明了那些事情實際上是怎麼回事。

佛法不在書中。即使藏經閣裡藏了再多經書，如果世間沒有人存在也是枉然。佛法是發生在人與人之間的事。所以我們才說：「佛法就是行動。」

概念和想法的內容每時每刻都在變化。沒有什麼是固定不變的。

這就是為什麼《般若心經》說眼、耳、鼻、舌、身、意是不存在的，一切現象和整個認知的過程都是空的。

無論你往哪裡看，沒有兩件事是相同的。我們每個人都有自己獨一無二的臉。

「色即是空，空即是色。」（《般若心經》）——當你把它寫成文字時，你就強加了一個順序。當你大聲朗誦時，只能一個字接著一個字。而實際上，它們是同時發生的。「實際上」是指在實踐中發生的事。

你可以用文字完全自由地表達現實。然而，這些話本身並不是現實。

如果文字本身就是現實，那麼每當我們說「火」時，我們應該就會灼傷舌頭，而每當我們談論酒時，我們也應該就會喝醉。但實際上並沒這麼容易。

當事實擺在我們面前時，語言是多餘的。沒有現實面的言語則是空洞的理論。當我們領略思想的含義後，我們就能自主使用我們喜歡的文字，或者不使用。

一個不能用簡單語言表達意思的人，表示他還沒有完全消化所學到的學問。

佛教學者一生都在計算那些依緣說教的數量，而他們卻從未真正吸取任何一點佛教真理。佛教學者把學習如何數零錢的人等同於變成了有錢人。

印度人喜歡精確計算一切。他們可以告訴你任何事物的確切數量：例如挖鼻孔的不同方式、放屁的不同方式與確切數量等等。

佛教學者將佛教視為文獻資料，而沒有當作事關人們「自我」的材料。

你必須清楚知道，你是否完全準備好接受某件事，這會造成很大的差別。每一條戒律、每一部經文、每一種思想和每一種文化都是如此。在任何情況下，情況都是如此。這也適用於你的整個生命。

沒有任何實修經驗的人說要傳授佛法，沒有什麼比這更虛偽的了。

然而，當你能將經典視為修行的象徵性表達時，沒有比這更幽邃、更通透的藝術了。

❁

「教外別傳，不立文字。」這也就是為什麼經書上沒有佛法可尋。

這是否意味著整部大藏經都是謊言？一點也不。所有佛經都是真實的——唯有當你用真正的眼睛去讀一切經的時候。

❁

砂糖是甜的，即使它自己什麼也沒說。它不用說：「相信我，我很甜。」同樣的道理，當我們用嘴巴說「砂糖」，也不會嘗到甜味。只有當砂糖入口而化，才有甘甜的滋味。砂糖不是一個文字。

這是否意味著這個字彙沒有意義？一點也不。我只需要說：「請給我砂糖！」你就會給我帶來一些砂糖，不是嗎？

佛教之所以困難，是因為它教導的是一種無法解釋的東西。你死記硬背的理解和學習到的都不是佛教。

老年人用他們的舊經驗來證明他們的舊習慣是正確的。

然而真正的智慧是，當所有一切事物都改變時，卻不會改變的般若智慧。

禪宗二祖慧可大師拜訪達摩祖師時，達摩不允許他進入。那是十二月九日的一個雪夜，慧可在門外等到天明。如古書中的敘述：「雪深及腰，寒氣徹骨。」

達摩正眼也不看他一眼，說：「像你這樣狂妄膚淺的人，不應該隨便問正法。」當時下雪深及腰部，凍到骨頭裡，你很難說慧可自負和膚淺吧。難道你做得到嗎？

然後，慧可砍下他的左臂，把它舉給達摩。根據記載，達摩說：「過去諸佛最初發心求法時，為了佛法而完全忘卻了世俗世界。在我面前自斷手臂的你，可以在這裡尋求到一些東西。」於是讓慧可進入了室內。[1]

1 譯著：摘譯自《景德傳燈錄》卷三「菩提達摩」。

二祖砍掉他的手臂後，肯定失了很多血。我還不敢探究在以上對話發生之前是否至少替他包紮過傷口。

世界上的人們充其量只知道苦難可以磨練他們。但二祖慧可完全服從了達摩，他甚至站在雪地裡砍斷自己的手臂。結果對他有什麼作用？最後他被那些迫害佛教者所出賣甚至殺害。這不完全是人們所希望的吧。

第二十九章
致每次被稱讚信仰很深就因此高興的你

許多人將信仰與某種自我陶醉混淆了。然而，信仰的意思與此恰恰相反——你必須從任何形式的陶醉中完全清醒。

世間人講到「信心」時，多半認為指的無非就是拜佛。

「佛菩薩要如何回應其他信徒都好，但至少給我一張去極樂世界的頭等艙機票吧！」像這樣的禱告與信心毫無關係。

「信」意謂澄淨；「信心」意謂真正明瞭自己的心。

「信」意味著變得清澄和潔淨；也就是安心的意思。但有些人誤解了這一點，並認為「信」就是變得激動。因此，他們竭盡全力嘗試這樣做，直到意識到要真正激動起來並不那麼容易，然後他們只得表現得他們好像是如此。

每個人都想去極樂世界，但你真的見過極樂世界嗎？如果你認為你見過，一定是你錯誤的妄想。

有些人想要活得越久越好，任何有助於長生不老的宗教都可以。要他們相信什麼宗教、哪種信心根本不重要。他們就是這樣浪費生命的。

當一些新興宗教團體開始吸引大量追隨者時，突然間每個人都開始認為這個宗教一定是真的。

追隨者的數量並不能決定一個宗教是否是好的。

如果只是單純看誰的人數最多，那凡夫這一族群的數量不就是最多的嗎？

不，應該是細菌——它們的數量更多！

難道你沒看到有一大堆瘋狂想法傾倒在我們人類身上，而且這些想法被冠以「信仰」、「開悟」等等的字詞嗎？

信心並非意味著祈求身體健康、生意興隆、家運隆盛以及子孫的功名利祿。

「信」意謂一份純粹的明晰，在這純粹明晰當中，思緒的泥沙會沉澱，激動的情緒會平息。——它僅僅意味著完全恢復你的理智。

信心不可能是傳言。佛陀不可能是傳言。如果不是關於你此時此刻切身的問題，那就與信心無關。

「讓我們晚點再處理這些問題吧」，你不應該像這樣忽略問題。重點是你是否真能在此時此地觀見佛身、聽聞佛法。

求法之道不在於如何問別人；而是關於如何回歸自我。

有的人稱唸佛號，好像是要用自己虔誠的心去奉承諸佛。其他人則認為他們修習坐禪是為了悟道得證。如果這些修行目的只是圍繞著你為個人中心而轉，就跟佛法沒關係。

你個人的那些小小問題並不有趣。普世的整體才是重要的問題。不管你的開悟有多宏偉，不論你有多麼顯赫、仁慈或善良，如果這些只跟你個人有關，那就只是一齣自欺欺人的戲碼。

第三十章
致認為《正法眼藏》難以理解的你

因為你想站在人間的思想立場去理解佛法，你就轉了一百八十度，朝向一個錯誤的方向。

道元禪師的宗風，對我們來說，沒有任何超越常人所能及的期望。關鍵只在於如何變得自然而然，沒有空想或奇蹟。一般來說，佛教並不要求我們有任何特別的東西，只要求我們變得自然。

經文中的一些文句對我們來說可能讀起來很特殊，例如「即從眉間白毫，放大光明，遍照世界」這樣的敘述。[1]但這只是對「王三昧」[2]境界的象徵性的文學描述。

❁ 道元禪師的一生是一個毫不妥協、不染汙的自我探究過程。

❁ 本尊是修行之佛，教理是超越思考的「非思量」。這些就是道元禪師教授的基本原則。

❁ 「非思量」意謂將妄想和覺醒的興奮感完全平息下來。

❁ 「學佛就是學習自己。學習自己意味著忘記自己。忘記自己也就是被萬法所驗證。」（《正法眼藏．現成公案》）這意謂我與一切眾生共成佛道。

1 譯註：例見《華嚴經．如來出現品》：「世尊從眉間白毫相中，放大光明，名如來出現。無量百千億那由他阿僧祇光明以為眷屬。其光普照十方，盡虛空法界一切世界。」

2 三昧之王，即三昧中之最殊勝者。

道元禪師的魅力在於，他把佛法看成自己，並不認為佛教只是為凡夫而作的童話故事。同樣的，坐禪本身即是弘揚佛法的修行，而不是建造佛塔伽藍塔，或使佛法興隆等等作為。

道元禪師的坐禪是一種完全透明的坐禪。對凡夫完全無用。

「不要為自己修行佛法。不要為了獲得名利而修行。不要為了得到果報而修行。不要為了獲得靈驗經驗而修行。只為佛法本身修行佛法。」（《學道用心集》）這就是道元禪師的佛法。

道元禪師「空手還鄉」。當他從中國回來時，他並沒有像有些人炫耀紋身那樣炫耀自己的開悟。他空手還鄉的故事完全鬆解了我們對任何固定觀念的執著，例如通過坐禪獲得頓悟。

在我們的宗門中，覺醒是從遠古的過去就已經存在於人間。我們其實只需要付諸實踐。

「當你根植於這種原始的真實覺醒時，修行就會自然地妙修通身。」（《正法眼藏．辨道話》）

當你吃過米飯，肚子就會被填飽，對吧？這正是「修證一如」的意思。如果你吃飽一次，並不意味著你永遠不需要再吃東西。你每天都必須吃東西，一生都必須吃東西。以這個完全相同的方式，你必須終生繼續修行。

如果你如此專注於你的公案，以至於沒有任何念頭可以再困擾你，那只不過意味著你暫時將煩惱向外擱置一分鐘。道元禪師的只管打坐涉及的範圍是更廣泛的；它是關於全景式地觀看自我。

諸佛祖師正統的禪法已經真實地傳承下來，這件事意味著我們當中並沒有人是自己想出這一切禪修法門。而這個傳承指的並非是傳輸某種物品。

「自未得度先度他」，這是無我的極致。我已忘卻我自己，這時我與所有受苦眾生之間的區別也消融了。

所謂「發心」，就是「自未得度先度他」。而「自未得度先度他」，意思同於「我與大地有情同時成道，山川草木悉皆成佛」。也就是透過這個身體親身體悟：山河草木、十方大地，皆有佛性。換句話說，這就是回家。

《坐禪用心記》寫道：「坐禪就跟回到家中平靜安穩地坐著一樣。」精疲力盡地回到家，然後平靜地坐著，這就是坐禪——但不僅僅坐禪是如此。道元禪師教導說，打坐的人也要吃飯和燒飯。他的《典座教訓》就是遵循這種精神。

《永平清規》談的是我們如何端放手腳，我們如何安排我們的生活。[3]

但仍然有學者大喊：「在《永平清規》中，碰巧讓我們發現了非常有趣的原始文獻！」

道元禪師教的不是心的不動搖，而是身的不動搖。

佛法就是我們的行儀。我們的行為必須就是佛法本身。佛在世的時候，大家都舉止端正。

道元禪師所教的宗旨，不是安心立命，而是安身立命。

3 《永平清規》是道元禪師所作的一部關於日用儀式的文集，內容涉及僧團修行的各個方面，例如備餐、供餐和收餐；睡眠和晨起秩序；團體工作和生活的規範，當然還有坐禪的規矩。內容分為六部，即：典座教訓、辨道法、赴粥飯法、吉祥山永平寺眾寮箴規、對大己五夏闍梨法、日本國越前永平寺知事清規等。

沒有魚會說：「我已經游過了所有的湖泊海洋。」也沒有鳥會說：「我已經飛過了所有的天空。」魚兒仍悠游在整片海洋中，鳥兒仍飛翔在整片天空中。鯡魚不亞於鯨魚，同樣也在整個海水中游動。

這裡的重點並不是數量，而是質量。我們的手腳活動範圍不會超過一平方米。儘管如此，我們卻可以影響整個宇宙。

據說大鵬金翅鳥只要一振翅，海水就空了，海底的龍就露出來臉了。此時大鵬金翅鳥可以迅速抓住牠們並將它們吞噬。

但即使是這隻大鵬金翅鳥，也無法飛遍整個天空，同時，哪怕只是一隻小麻雀，也是在整個天空當中飛翔。這就是現成公案：活在此時此地，空間無限，時間無量。

「千本經，萬次得，還不及一次的證悟。」（《正法眼藏．傳衣》）

佛法首要是證悟——這是真實的東西。

有一次，一位基督徒問我：「我的神父說過，沒有任何宗教像佛教那樣散播如此多的謊言。真的是這樣嗎？」

我回答：「你這樣說真是一針見血了，我的朋友！」

《法華經》、《華嚴經》、《正法眼藏》都只是謊言，如果沒有透過修行來了解它的話。沒有坐禪，佛教就徹頭徹尾是個謊言。

「一生參學大事於此完畢。」（《正法眼藏．辨道話》）

——這並沒什麼特別了不起的。對我們每個人來說，畢生追尋的那件大事已經得到解決。沒有人錯過任何東西。我們和釋迦牟尼佛並沒有什麼不同。

認為自己愚蠢才是世界上最愚蠢的事。

根據道元禪師的教法，我們是否覺醒根本無關緊要。「眼睛水平而視，鼻子垂直而正。」對一個人而言不過就是如此，不論覺醒與否。

曾有人稱道元禪師為不圓滿的未完成品，但這個人自己是圓滿的嗎？圓滿的事物不一定更好。完成品不見得更有價值。

有時，在我們看來，善與惡似乎是既定的事情。

道元禪師說：「善惡都是一時的。而時間無所謂好壞。」（《正法眼藏．諸惡莫作》）我們必須從既無好亦無壞之處開始。

道元禪師說：「當你認識到世界是危險的時候，世界對你來說就已經沒有危險了。」

僧人的生涯中沒有任何事業可做。誰若是要為了做事業而成為僧人，那人也就白出家了。沒有人像道元禪師那樣排斥對名望的追求。

第三十一章
致認為佛法與自己無關的你

在監獄裡，犯人在看守人面前大膽地說：「好好看看你們自己。若不是我們的存在，你們也沒有飯吃了！」

我們凡夫就是這樣。因為我們存在，所以諸佛存在。沒有我們這些凡夫，佛早就失業了。從這個意義上說，凡夫和諸佛並不是各自獨立的存在，而是相互關聯的。

菩薩又稱覺有情。菩薩是一個凡夫，而以成佛為目標，並下定明確的決心要成佛。

菩薩就是致力於求道的凡夫。

做一名菩薩，就是敢在覺悟之路上走入歧途。不要說：「我已經覺醒了。至於其他凡夫們應該看看他們要如何擺脫自己的妄想。」

因為我們在行菩薩道上，要敢於與凡夫一起走入歧途，所以這種修行無限深遠、無量寬廣。

「菩提心」就是「自未得度先度他」。也就是說，我不能和所有其他苦難眾生有絲毫不同。

當你講到佛的時候，如果想到的是很遙遠的事、跟你自己沒關係，那麼你就總是在原地打轉。

如果一個佛只是為了他自己在某處成佛，那就與成佛沒有任何關係。

佛之所以是佛，正是因為他與所有受苦的眾生站在一起。

如果在我之外應該有某個神，那就是一種關於神我的外道。神必須是我自己。如果說創造萬物的神會存在獨立於萬物的別處，那就跟佛法沒有關係了。

我們不是通過坐禪而成佛的。在我們開始坐禪之前，我們已經是佛了。當我們自己這尊佛沮喪、哭泣或睡覺時，都只不過是在我們的夢中。

凡夫被他們的業力制約，拖著團團轉。從這個角度看世界，他們的感受受到制約，並讓彼此感到不安，他們繼續從一個生命被拖到另一個生命，從一個世界轉到另一個世界。這就是所謂的「流轉輪迴」。

這就是為什麼現在除了讓我們從自己的業力牽扯中解脫之外，沒有其他更重要的事情要做。

當我們暫時摘下被業感制約的眼鏡時，我們就會理解釋迦牟尼佛初覺醒時所說的話：「我與大地有情同時成道，山川草木悉皆成佛。」

也就是說，在釋迦牟尼眼裡，我們沒有一個人是迷惑的眾生。我們，所有受苦的眾生，是如此頑固地堅持我們自己的妄想。釋迦牟尼的慈悲和佛陀的教法，就是要喚醒我們對這個事實的認識。

凡夫是個棘手難以對付的角色。他們有些像餓鬼、畜生或地獄，身上有各種怪癖。最終他們只不過就是一個怪癖合成體。

過去有各種各樣的靈異事件，但在今天的霓虹燈下，鬼魂再也不會出現了。他們無處可藏。

然而，讓他們遊蕩在黑暗中的業力要回溯到無始劫之初，真正的鬼魅，就是那些相信他們自己有「我」的人。而那些鬼魂的數量絲毫不曾減少過。

凡夫與諸佛具有相同的形象。覺悟和妄念也具有相同的形式。

「一切智」指的是，明瞭你的佛性中並不存在任何能讓你滑落的縫隙。即使在你睡覺的時候，夜間列車也會載著你前進。

三世[1]諸佛，肩負著苦難的眾生。這就是為什麼他們總是在迷境中。

一切受苦眾生，皆為三世諸佛所救度。這就是為什麼他們總是在覺悟的境界中。

《法華經．如來壽量品》云：「自我得佛來，所經諸劫數，無量百千萬，億載阿僧祇」。不僅釋迦牟尼是如此，我也是如此，以及其他所有的人都是如此。自從我們成佛以來，無量劫已過。《法華經》就是這麼說的。佛的久遠壽命並不是釋迦牟尼的特權。

1 譯註：過去、現在、未來，合稱三世。

這也是為什麼我們現在修行，不是為了很久以後才能證道開悟。我們不是為了追求某種個人的開悟而修行。從本性上來說，我們一直、永遠都是真佛。坐禪除了讓我們將佛陀的修行付諸實踐外，沒有其它意涵。這就是為什麼我們說「行佛」。

當我們修行佛法時，我們就是佛。或者說，正因為我們已經是佛，我們才能修行佛法。

如果你問我釋迦牟尼是誰，與其說他像一張白紙，不如說他像藍天一樣完美通透，與一切苦難眾生連接無縫。

佛陀必須與所有苦難眾生相連。如果有人失去他的孩子，佛陀一定會與他一起流淚。聲稱自己不願意受群體愚蠢的影響，但僅僅是為了避免與人接觸，這是懦弱的。

商人出於貪婪而做事，佛教徒則出於慈悲而做事。——你必須徹底熟悉這個世界的規則。

❀

你相信佛教與其他一切事物都有點不同。但完全並非如此——佛教是每一個、所有的事。「每一件事物、所有事物都是我的孩子。」佛法是這樣看世界的。

❀

當大人永遠只當大人的時候，就無法養育孩子。當孩子哭泣的時候，你必須和他們一起哭泣。成人必須是兒童，兒童必須是成人。

佛與凡夫、佛法與世間、覺悟與迷妄、向上或向下的智慧與慈悲，這一切都要能活絡地交替。

❀

沒有人要求你成為美食專家或不斷設法功成名就。但是，如果你太愚蠢，而不能了解人們對美食者的享受胃口或世人對事業成功的渴望，那你就有某些地方不太對勁了。

僅僅向上邁向平等的世界是不夠的。你也必須向下踏入充滿差別的世界。

所謂「老心」，就是慈悲心、父母心；這種心的概念完全與所有理論互相矛盾。

為人父母者，心裡充滿了矛盾。就像當父母說：「出去，留在外面！親愛的，不要吃任何河豚——它有毒。」

當沒有小孩來戳出洞的時候，紙屏風會有多麼冰冷。

第三十二章
致說自己身體本來就是佛的你

石川五右衛門說：「即使我從世界消失了，所有的沙子都被沖進大海，這世上偷竊的種子永遠也不會枯竭。」[1]這就是他唱歌讚頌他所謂穿透天地的「偷竊本性」的方式。但是，只要我們不像石川五右衛門那樣行事，我們永遠不會成為小偷。

從另一面來說，萬物皆有佛性，此理貫徹天地。但如果我們不像佛一樣行住坐臥，我們也不會成佛。

1 這是在他被處決之前一刻所說的話。請參閱第六章註1。

與佛性離不開的你，必須把佛的行事做法付諸實踐，才會成佛。當你表現得像一個傻瓜，那麼你就是一個傻瓜。

只有在你的生活實踐中，佛才會出現。

有人說：「此心即佛。這意味著如果我認為我是佛，我就是佛。」你有沒有聽過這樣的廢話？

你可以說，火柴包含火苗，但如果我不知道我必須劃開火柴，或如果我並沒有真正劃開火柴，就不會產生任何火焰。所以你不能說火柴本身就是火。

「如果不修行，就不會出現成就。如果不修證，就無法得道。」（《正法眼藏．辨道話》）。

修行就是證悟。

即使我手上有煤氣爐，如果我不用火柴點著它，就不會有暖和的效果。即使我們說每個人已經具有佛性，這個「具有」本身對我們完全沒有幫助。我們必須要去點燃佛性之火。

很久以前，一位信徒問學信和尚：「此刻，我不想稱誦佛號。等到我覺得有這樣做的動力再念佛是不是更好？」

學信的回答是：「像你這樣的廢物就會想拖延念佛，若要等到願意稱念佛號才念佛，大概要等一輩子吧。不管你喜不喜歡，大聲念出佛號吧！」

他接著作出一首詩：[2]

在深秋的霧氣中全心拉動繩索，

山上稻田裡的鐘聲才會響起。

——佛道就是行動。

2 譯自日本淨土僧人學信（一七二二～一七八九年）的日文原詩。

佛像和繪畫都不是佛。當我們把佛像和畫像當成佛來供奉時，我們就是在鼓吹偶像崇拜。

在佛教中，每事每物的「無相的威儀」都是佛。自己的無相的威儀、自己的坐禪和自己的袈裟[3]都是佛。吃飯時只管吃飯，工作時只管工作，做飯時只管做飯——這就是佛。

「行即禪，坐即禪。在說話、沉默、活動和休息中，體會安然平靜。」（《證道歌》）

——因為是佛自己所言，所以是真實的。但是，當一個凡夫以此言談論自己時，就會導致很嚴重的誤解。

3 已經剃度的僧人所受之佛教僧袍。

「煩惱即菩提，凡夫即佛。」

——你可能認為這意味著「我的身體本來就是佛」，但事實並非如此。一個凡夫，以他現在的身體，終究也不過是一個凡夫而已。

正確的觀念是：當凡夫忘卻凡夫，這個身體即是佛。

只有當你以佛道的眼光看世界，才會顯現出佛道。

修行佛道不代表你的業感會被干擾，然而你會被諸佛平等地接納。

我們必須了解對佛陀所言，時間和空間是什麼。

它不會同於凡夫所看到與所聽到的，也不同於凡夫的思考模式。

如果你不從一個完全不同的角度重新審視人間的事物，你就不可能理解何謂真實。

人所設想出來的佛都不是佛。

當我們說佛是「無限」的，是說祂的「非定相」。這不是指尺寸上的測量值。

佛陀是敏銳的、快樂的、沒有執著的。然而，現在很多人認為佛陀是沉悶和不祥的。

三昧意謂你本來自性清淨；它將凡夫與佛，透明地牽繫在一起。

在「非思量」中既沒有凡夫，也沒有佛。

——「非思量」是真正的修行，而坐禪是「非思量」的付諸實踐。

我們存有的任何疑慮都可以被「非思量」、被佛法輕悄地吞沒。然而對凡夫來說，佛法仍然不夠令人滿意；它無法滿足凡夫的所有需求。

因為是名凡夫，無論修佛道或打坐，自然都不是完全清淨的。儘管如此，這就像「蒼鷺不會改變它所喝的水的淳味；就像蜜蜂不會減損牠們採蜜後的花朵的餘香。」（《永平廣錄》）同樣的道理適用於坐禪的圓滿功德，沒有凡夫能夠減損坐禪的功德。

有些人認為追隨佛法就是從凡夫開始修行，然後遵循一些改善品德的計畫表來提升自己。多麼愚蠢！佛法的第一要義就說我們都是佛。

但是，如果一個人從來沒有發過菩提心，怎麼能說他的「即心是佛」呢？（《華嚴經》）

第三十三章 致快要發瘋並努力想獲得內心平靜的你

佛法無量無邊——它如何可能被理解成適合你的範疇？

無論如何，也只有凡夫之事才能被執取。

貪著於錢財，執念於健康，執著名利地位，甚至執著於開悟——你所執取的一切，都只是凡夫所擁有的。

放下凡夫的所有物，這就是成佛的意義所在。

若你的安心僅僅意味著你個人的滿足時，那就和佛法沒有任何關聯了。

佛法教導「無限」之義；除了無條件接受那深不可測的教法，別無他法。

佛法寬廣無邊際。當你試圖使它保持不變，你就失去了它。我們這裡並不是在談論鱈魚乾；一條活魚並沒有固定的形態。

當你企圖執取佛法時，最終也只會壅塞難行。

「唯佛與佛，才能究盡。」（《法華經》）若不是佛，則不能領受佛法。

你缺乏內心的平靜，因為你在追求一種安心的方法，那反而造成不安之心。

時時刻刻注意自己的心，不管它看起來多麼不平靜。唯有用這顆不平靜的心修行，才能證得大安心。必定要在安心和不安心相互作用之間才能升起大安心。

所謂完全的安心，這種平靜只不過是現成的東西。真正的安心只存在於原本的不安心當中。

當自己終於能將不滿意的心境接受為不滿意時，就會有安心。

這顆心就像是一個原本對批評充耳不聞的人，當他終於聽得到別人談論他的錯誤想法。

這也是個赤裸窘迫、乞求生存的人忽然安詳死去的那顆心。
這也像是一個人突然失去那位拉著他袖子、到處跟著他乞討的心。
這也像是一日洪水過後、將信心之妝容沖走時的那顆心。

沒有一個世界會是萬事公平正確的。

儘管如此，每個人都在四處尋找這樣的世界。

無止盡地流浪追尋或憂悶地哭著睡著，對你能有什麼好處？

那是倒退而行。重點是如何做到如如不動、處變不驚地站在世上，不要四處漂泊。內心的安樂意味著停止追求任何東西。

像「得道」或「開悟」這樣的詞語，指的不應該是智力上的理解能力。它們的意思是不管發生什麼事都不為所動，不論是生或死。

許多人以為安心意味著讓自己從痛苦中出離，因此能永遠快樂。那是錯誤的理解。無論痛苦有多大，解方都不是靠你急急忙忙地來回反擊。應該是保持冷靜。

如果你想看一個內心不平靜者的狀態，那就看捕鼠器裡的老鼠。牠用盡力氣掙扎不已。然後有個人看到這隻老鼠，把牠扔給了一隻貓，那隻貓高興地吃了牠。這樣你就知道，使出渾身解數掙扎，也不過是浪費力氣。相反地，不如安靜地坐禪。

一個人如何可以安心呢？真正的問題是你正在用此身生命做些什麼；你用自己的臭皮囊做了什麼，這才是問題的重點。

在佛法中，凡夫和佛並不是兩種不同的眾生。所謂的安心並不是坐在蒲團上的一塊肉。

佛法是通過修行來實現的；它是由身體力行而產生效果的。坐禪意味著身體的肌肉和韌帶找到正確位置。

修行就是實踐一種以坐禪為模式的人生態度。

無論在哪裡進行這種修行，都會完全得到安心。修行指的是我們生活各方面的行為。

在深秋的霧氣中全心拉動繩索，
山上稻田裡的鐘聲才會響起。[1]

1 見第三十二章註2。

第三十四章
致以禪宗修行的目標為人生目標的你

行事必須如其本然，但可以是任何方式。

行事不必依某個特定方式，但必須以最高、最上的方式去做。

❁

千利休[1]雇用一名木匠將釘子釘入一根柱子。仔細考慮之後，木匠確定了確切的位置。木匠做了一個標記然後休息一會兒，當他終於抽出時間真正敲釘子時，卻再也找不到他的標記了。之後，千利休重新考慮良久，終於叫道：「就是這裡，這裡是最好的位置！」仔細一看，原來這位置和木匠之前

1 譯註：千利休（一五二二～一五九一）是日本戰國時期安土桃山時代著名的茶道宗師，利休提出「和、敬、清、寂」四個字作為茶道的根本，被日本人尊稱為茶聖。

留下的記號正是同一處。

在純粹的無相的中間，存在一個標的[2]方向。同樣的，人類的許多表情變換中，也存在一個標的性的表情。

所謂神通力，無非就是面容的漸變焦點始終保持聚焦罷了。[3]

我們認為自己經常被迷情的感受所誤導，並對此無能為力。我們認為在佛陀的教法和我們迷情的感受之間，存在拉扯與張力。但並非如此。

佛法說我們和佛沒有什麼區別。一切事物都彰顯真理實相。你在佛法中所學的是修行的基礎。

2 譯註：此處「標的」可理解為為：終級、不會改變的。
3 譯註：意思為面容始終保持不困惑的樣態。

以當下的自己問這個問題：「我現在可以佛道來做些什麼？」——修行就是這個功夫。

重點在於如何看清上下左右，同時又不能忽視此時此地的視野。

我們所做的每一件事都涉及到一切，甚至包括宇宙的盡頭。這一刻即是永恆。這是我們必須全心投入的。

我該如何面對這種情況？我們的努力就是圍繞這一點而開展的。

布施也必須有一個正確目的。你不應該把你的鑰匙和手槍給強盜。當你布施時，你需要兼具勇氣和智慧。

深入觀察萬物的無常，就是深入觀察每個瞬間，不迷失自己的方向。

「這種情況下需要的是什麼？」如此投入這一生的每一個境遇，就是深入觀察無常的意義。無常並不僅僅告訴我們所有人都會死去而已。

如同火焰一般，我們人間的身體在剎那間不停變化。它只是看起來像或多或少保持相同的體態。

無我並不等同於心不在焉。在大乘菩薩行中，重要的就是時時保持心不散亂。

如果失焦了，即使是相機也無法捕捉到現實。

修行佛道，意味著經常拿捏你的生活態度。

不要像馬一樣跑來跑去。要像牛一樣穩健邁步。

即使只是放下茶杯，隨意讓它掉落下來，或用手小心地捧著放下，也會造成很大的差別。

一切行儀的基礎是必須堅持到最後一刻。如果你心不在焉，即使只有一瞬間，你就和屍體沒什麼兩樣。

為你的肌肉和肌腱找到正確的張力姿勢非常重要，才能成為一個沒有裂縫的人。

「我投射到人們眼中的形象是什麼？」「別人的眼中是怎麼看我的？」這個問題也必須用身和心來探究。在有錢人眼裡會怎麼看我？或者在一個窮人的眼裡是怎麼看我？西方人怎麼看我？馬克思主義者怎麼看我？在首相眼裡我又是誰？

你必須擁有某種關於自己的本色，無論從哪裡看，都不會失去它的光彩。

如果你不注意，你就會成為一個多餘的佛教徒。

佛法講的是什麼？應該是關於如何讓你日常生活的每方面都讓佛陀所牽引。

一次擊中靶心是不夠的。過去幾年擁有的完美分數都沒有用，你必須現在就擊中靶心。

單純只是吃你的粥。在這種「單純只是」中，沒有身分的高與低，沒有聰明與愚蠢，沒有妄想與開悟。這個「單純只是」是佛道的精髓，但正是這個「單純只是」在世間沒有人真正理解。

眾生的人生觀存在各式各樣的煩惱和差異。這就是為什麼為了救度世人，必須在絕對不疑的基礎上，由下而上地重新思考新的人生觀。從這個絕對不疑的基礎上觀察人生，意味著用佛陀的知見來觀察人生。

跋：致對自己的坐禪仍然不滿意的你

道元禪師「只管打坐」的實踐，正是我已故老師澤木興道老師所說的「只是坐著的坐禪」。所以對我來說，真正的坐禪很自然地意味著只管打坐——只是坐著。也就是說，我們坐禪不是為了獲得頓悟體驗、解決很多公案或獲得認可或證書。坐禪只是意味著坐下。

另一方面，事實上，自過去以來的日本曹洞宗的修行者中，也有許多人對這種坐禪持懷疑態度，甚至在其創始人道元禪師的時代就開始了。他們為了說明他們的質疑，引用了這樣的段落：「我沒有拜訪過很多禪宗的上堂、山僧、叢林。我僅僅和天童師父坐在一起，靜默地驗證了我自己是眼橫鼻直。我不會再被任何人誤導了。我空手還鄉。」（《永平廣錄》）

「我遊歷中國宋朝，拜訪全國各地的禪師，學習禪宗五門家風。終於在太白峰上遇到了師父如淨禪師，終生修行的大事也就明朗了。一生參學大事於

此完畢。」（《正法眼藏．辨道話》）

於是那些存疑的人們說：「道元禪師不也說他就只悟到眼橫鼻直，終生修行大事就此明了嗎？一個連開悟都沒有的凡夫，光坐著又有什麼意義呢？」

我清楚記得我自己也有過這樣的疑慮——而且我不是唯一的一個。為數不少的禪修者蜂擁而至澤木老師身邊，但後來放棄了只管打坐的坐禪方式，轉而嘗試見性禪[1]或公案禪[2]。所以，我很理解他們的疑問。

我們必須知道的是，澤木老師的性格深具禪師的氣質，正如大家所想像的禪師那樣。而且他也很有個人魅力，很多人初次見到他就被他吸引，就像鐵屑被磁鐵吸住一樣。所以當澤木老師說「坐禪一無是處」（這是澤木老師對坐禪的表達方式，即「無所得、無所悟的禪」，意即超越得失和超越開悟）的時候，他們還以為他只是在說這句話。他們認為他們的禪修在未來某個時候一定會對某些事產生實際上的好處。我認為許多跟澤木老師一起修習過禪

1 譯註：「見性禪」之名取自「明心見性」一語，為日本禪宗一個流派，強調禪修者的開悟經驗。
2 譯註：「公案禪」以參公案作為一種禪修方式，為臨濟宗的禪修傳統。禪宗公案通常為禪宗祖師的一段言行或一個小故事，如禪宗祖師開悟過程，藉公案的問題讓修禪者思索答案。

的人也是如此認為。

也許那些居住在外面世界，只偶爾來寺院打坐或練習接心[3]的人，可能不會有這些疑慮。但那些決定放棄他們正規生活而留在澤木老師身邊的人、密集地修習日常坐禪生活的人，這些人遲早會開始懷疑只管打坐的意義。

原因是，無論你禪坐多少次，你都不會對你的坐禪完全滿意。但「不全然滿足」意味著它不像胃在飽足一餐之後會有的感覺。許多全身心投入坐禪修行的年輕人開始懷疑，他們是不是在這種根本無法滿足他們的坐禪練習上，浪費青春。很多人最後都離開了，他們說：「就連那些年長的弟子，已經打坐很多年，歸根結柢不過是凡夫罷了。我要的是開悟！」

這也是很多人放棄修行的原因。這個疑惑也讓我幾乎到了崩潰的臨界點，但我最終還是跟隨了澤木老師二十五年，直到他去世。所以，我確實理解那些懷有這種疑問的人，但我也終於理解道元禪師和澤木老師所說的「只管打

3 譯註：日本佛教用語，又作接心會、攝心會。於一定期間持續坐禪、攝心，令心不散亂。現今日本禪堂，大致為一年中有夏季的雨安居與冬季的雪安居等二個主要接心。

坐」的真正含義。這就是為什麼我現在想嘗試在這兩種觀點之間扮演某種翻譯者的角色。

當我說「翻譯者」時，並非單純表示那些眾多禪修者不理解道元禪師或澤木老師的話語。我同時要表達的意思是，雖然道元禪師和澤木老師確實了解那些嘗試修持只管打坐的人擁有的深層疑惑和思考的問題，但他們的話語並不總是深入到足以真正平息我們的疑惑和問題根源。這就是為什麼我允許自己在這裡嘗試以我自己的方式表達和評論道元禪師和澤木老師以下的言語。

這在實修中意味著什麼？以道元禪師《永平廣錄》中的一段話為例：「我與師父天童如淨，默觀眼橫鼻直。從今以後，我不會被任何人誤導。我空手還鄉。」

如果讀成下句「此時此刻深吸一口氣，確認我還活著」，那又如何呢？

我之所以會這樣解釋，是因為我不是以一個只在意如何把古代漢語的迷宮整理出一個閱讀秩序的佛教學者之身分來閱讀《正法眼藏》。我也不是作為一個宗派主義的信徒來讀它的，對他們來說，每一個詞都是如此神聖，以至於把它供奉在一個基座上，整本書就像一個永遠不能被打開的罐頭，然後在它面前五體投地地禮拜。相反，我是用一個求道者的眼光來閱讀它的，我關心的是徹底了解一種全新的生活方式。我相信這就是所謂的「古教照心」或「學習佛法亦即認識自己」。

如果我們把道元禪師的這段話當作對我們自己的全新生活的敘述來閱讀，我們就不會陷入一種單調和靜態的解釋中。相反，我們會意識到「眼睛是水平的，鼻子是垂直的」是對此刻的一呼一吸、我們正在經驗的新鮮生活的表達。當我們這樣閱讀時，我們會發現道元禪師並不是在談論你在坐禪中一旦獲得頓悟可能體驗到的某種神祕狀態。他在談論最顯明的事實——現世的此時此刻。

這就是為什麼在道元禪師的《普勸坐禪儀》的開頭寫道：「道是圓滿且通達的，我們如何區分修行和認證？真理自然地顯現於處處，何須特意去把握呢？」

本著同樣的精神，下面這段話是什麼意思？「毫釐之差，亦會造成天地懸隔之結果。一旦順境與逆境產生好惡分別，心就會紛雜迷亂。」

這一刻的生活是新鮮的、天然的和全新的。但是，當我們將這個基本事實作為我們頭腦中的一個想法進行思考時，我們就會陷入困惑，想知道我們可以理解什麼以及我們可以將什麼強加到我們的範疇中。當我們想到生命的新鮮，它就不再新鮮，它就不再活潑。生命的新鮮意味著打開思想之手。只有這樣，生命才會新鮮。坐禪就是鬆開這隻思想之手，是一個「放下」的姿態。

現在我不得不說一下只管打坐的實際做法。坐禪並不意味著我們沒有任何念頭。各種念頭仍然會生起。然而，如果你的思緒開始追隨這些念頭，它就不能再稱為坐禪了。這時候你只是在以坐禪的姿勢在思考。所以，你必須意識到，現在你正在打坐，現在不是思考的時候。這就是修正你的態度，端正你的姿勢，放下念頭，回到坐禪。這被稱為「從散亂心和疑惑心中覺醒」。下一次你可能感覺累了。然後你必須提醒自己，你現在正在打坐，現在不是睡覺的時候。這就是修正你的態度，端正你的姿勢，真正睜開眼睛，回到坐禪。這叫做「從昏沉和疲倦中覺醒」。

坐禪意味著從散亂心和疑惑心中覺醒，從昏沉和疲倦中覺醒，數十億次地醒過來、坐禪。過這種新鮮和天然的坐禪日子，意味著喚醒思想，並通過數十億次的實踐來證明；這就是只管打坐。

據說道元禪師是身心脫落而開悟，但究竟什麼是身心脫落？我們在他的《寶慶記》中讀到：「方丈和尚說：『坐禪修行意味著身心脫落，也就是只管打坐——不是燒香、禮拜、念佛、懺悔或讀經。』我鞠躬並問：『什麼是身心脫落？』方丈和尚回答：『假使你單單練習坐禪，在那一刻你就會從五根之欲中解脫，五種障礙也會消失。[4]』」

因此，身心脫落意味著鬆開思想之手並數萬次回到坐禪。身心脫落並不是什麼特別神祕的經驗。

只有這種坐禪才能實現整體的、無上的佛法。它也被稱為「佛法的正門」（《正法眼藏．辨道話》）。我想將我們的生活比喻為坐在汽車方向盤後面。當我們開車時，在方向盤上睡著或酒後駕車是很危險的。開車時想著別的事，或精神緊張，也都是很危險的。坐在我們生命之輪後面也是如此。推動我們生活的基本原則必須包括不斷從困倦和醉酒的陰霾中醒來，從紛亂的思

4 五欲是對五根所緣的欲求，即眼、耳、鼻、舌、身；五種障礙是貪、嗔、痴、慢、疑。

緒和緊張的心情中醒來。

坐禪意味著實際將這些生命的根基付諸實踐，是「生命運轉的根本」。這是為何它被稱為「佛法的全道」以及「佛法的正門」。這也是道元禪師寫下《普勸坐禪儀》的原因，他在其中闡明了坐禪的修行方法。

「佛道之身心，即是草木、瓦礫、風雨、水火。觀察到這一點，認清一切事物都是佛道，這就是發菩提心。把握空性，以它來建造寶塔和佛像。挖掘谷中的清泉，用它來造佛造塔。這就是喚起無上圓滿智慧的覺醒心（即阿耨多羅三藐三菩提）的意義，以及重複發此菩提心數百千萬次的意義。這就是所謂的修證。」（《正法眼藏．發無上心》）。

如果將此解釋為只是為了警告所有尚未覺醒的禪修者不要忽視他們的修行，那就大錯特錯了。菩提心的覺醒百千萬回，只不過代表著充滿活力的生命之呼吸而已。

有些人一開始練習只管打坐，然後很快就放棄了，因為打坐不會為他們帶來滿足感，或是因為打坐讓他們感到厭煩。他們這樣做是因為他們只在腦中想著百千萬次發菩提心。這就是為什麼他們想著：「哦，不！我必須發菩提心百千萬次？我需要的是一個頓悟！要是我快點得到一個大開悟，這百千萬次的差事我可以一次搞定！」

這就好像當我們還是嬰兒時被告知：「從現在開始，你不得不呼吸，你的一生都是這樣呼吸，一次接著一次，每時每刻。你將吸氣和呼氣數百萬次。」會有哪個嬰兒說：「哦，不！我必須想辦法一勞永逸地解決這數百萬次呼吸，我要用一次非常大的呼吸來搞定！」

即使我們想這樣嘗試，也不會成功。

這就是為什麼《正法眼藏．發無上心》繼續說道：「有些人認為修行確實是無止境的，但覺悟只有一次，之後就不會再有新的覺悟了。這樣的人，不聞佛法，不知佛法，未遇佛法。」

想要大開悟的人不接受他們必須以新鮮和充滿活力的方式生活。即使從嚴格的生物學角度來說，我們也只能靠此時此刻的呼吸而活。活著意味著當下呼吸著這一口氣。既然關乎的是這鮮活的生命，光在頭腦裡想著自己的生命必然是不夠的。相反，我們必須接受它是充滿活力的生命。只有這樣，我們才會發現一種清新的、充滿活力的態度和姿態。

這就是所謂「一生參學大事於此完畢」。同時，這也是只管打坐的修行真正開始之處。就是所謂的「修證一如」（修行與證悟合一）以及「證上之修」（具有證悟基礎的修行）。

這也就是為什麼澤木老師總是重複說：「覺悟沒有開始，修行沒有盡頭。」

內山興正

英文版譯者簡介

奈爾克．無方（Muhō Nölke）

一九六八年生於柏林，高中時因友人介紹而接觸坐禪。一九九三年大學畢業，至安泰寺出家為僧。得授法脈後，在大阪某個公園當流浪禪師，並於二〇〇一年帶領一個小型坐禪團體。二〇〇二年，他的老師突然去世，於是他被召回安泰寺，接替他老師成為安泰寺第九任住持，直到二〇二〇年退休。他一直在大阪居住與教學，並出版多部日文、德文書與譯本。

哈許・靈峰（Reihō Jesse Haasch）

一九七三年生於美國威斯康辛州，過去奉行的是「書之道路」，直到一九九〇年讀到一本描述坐禪姿勢的書，從此一切改變。一九九三年，他結識羅伯特・利維頓（Robert Livingston）禪師，接著剃度出家。一九九八年移居瑞士，並成為麥可・博斐（Michel Bovay）的弟子，直到博斐二〇〇九年去世。之後他移居日本，於二〇一五年成為芳寬齋藤（Hōkan Saitō）的弟子，並得授法脈。他長年在長崎的皓台寺修行，同時持續在歐洲帶領禪修和工作坊。

國家圖書館出版品預行編目資料

致你：日本禪宗大師澤木興道的生活哲學 / 澤木興道 著；林佩瑩 譯.
-- 初版. -- 臺北市：商周出版, 城邦文化事業股份有限公司出版：英屬蓋曼群島商家庭傳媒股份有限公司城邦分公司發行, 民112.02
面；　公分
譯自：To you : zen sayings of Kōdō Sawaki.
ISBN 978-626-318-562-3（平裝）
1. CST: 禪宗　2.CST: 佛教說法　3.CST: 佛教修持
226.65　111022337

致你：日本禪宗大師澤木興道的生活哲學

TO YOU: Zen Sayings of Kōdō Sawaki

作　　者／澤木興道
譯　　者／林佩瑩
企畫選書／林宏濤
責任編輯／劉俊甫

版　　權／吳亭儀、林易萱
行銷業務／黃崇華、周丹蘋、賴正祐
總 編 輯／楊如玉
總 經 理／彭之琬
事業群總經理／黃淑貞
發 行 人／何飛鵬
法律顧問／元禾法律事務所　王子文律師
出　　版／商周出版
臺北市中山區民生東路二段141號9樓
電話：(02) 2500-7008 傳眞：(02) 2500-7759
E-mail：bwp.service@cite.com.tw
發　　行／英屬蓋曼群島商家庭傳媒股份有限公司城邦分公司
臺北市中山區民生東路二段141號2樓
書虫客服服務專線：(02) 2500-7718・(02) 2500-7719
24小時傳眞服務：(02) 2500-1990・(02) 2500-1991
服務時間：週一至週五09:30-12:00・13:30-17:00
郵撥帳號：19863813　戶名：書虫股份有限公司
E-mail：service@readingclub.com.tw
歡迎光臨城邦讀書花園 網址：www.cite.com.tw
香港發行所／城邦（香港）出版集團有限公司
香港灣仔駱克道193號東超商業中心1樓
電話：(852) 2508-6231　傳眞：(852) 2578-9337
E-mail：hkcite@biznetvigator.com
馬新發行所／城邦(馬新)出版集團 Cité (M) Sdn. Bhd.
41, Jalan Radin Anum, Bandar Baru Sri Petaling,
57000 Kuala Lumpur, Malaysia
電話：(603) 9057-8822　傳眞：(603) 9057-6622
E-mail：cite@cite.com.my

封面設計／FE設計葉馥儀
排　　版／新鑫電腦排版工作室
印　　刷／高典印刷有限公司
經 銷 商／聯合發行股份有限公司
電話：(02) 2917-8022　傳眞：(02) 2911-0053
地址：新北市231新店區寶橋路235巷6弄6號2樓

■2023年（民112）2月初版1刷
定價 380元

Printed in Taiwan

城邦讀書花園
www.cite.com.tw

Original Title: To You: Zen Sayings of Kōdō Sawaki

ISBN　978-626-318-562-3

商周出版

廣 告 回 函
北區郵政管理登記證
台北廣字第000791號
郵資已付，免貼郵票

104台北市民生東路二段141號2樓

英屬蓋曼群島商家庭傳媒股份有限公司　城邦分公司

請沿虛線對摺，謝謝！

商周出版

書號：BX1086　　**書名**：致你　　**編碼**：

請於此處用膠水黏貼

商周出版

讀者回函卡

線上版讀者回函卡

感謝您購買我們出版的書籍！請費心填寫此回函卡，我們將不定期寄上城邦集團最新的出版訊息。

姓名：＿＿＿＿＿＿＿＿＿＿＿＿＿＿＿＿＿＿＿＿ 性別：□男 □女

生日：西元＿＿＿＿＿＿年＿＿＿＿＿＿月＿＿＿＿＿＿日

地址：＿＿＿＿＿＿＿＿＿＿＿＿＿＿＿＿＿＿＿＿＿＿＿＿

聯絡電話：＿＿＿＿＿＿＿＿＿＿＿＿ 傳真：＿＿＿＿＿＿＿＿＿＿

E-mail ：

學歷：□ 1. 小學 □ 2. 國中 □ 3. 高中 □ 4. 大學 □ 5. 研究所以上

職業：□ 1. 學生 □ 2. 軍公教 □ 3. 服務 □ 4. 金融 □ 5. 製造 □ 6. 資訊
□ 7. 傳播 □ 8. 自由業 □ 9. 農漁牧 □ 10. 家管 □ 11. 退休
□ 12. 其他＿＿＿＿＿＿＿＿＿＿＿＿＿＿＿＿＿＿＿＿

您從何種方式得知本書消息？

□ 1. 書店 □ 2. 網路 □ 3. 報紙 □ 4. 雜誌 □ 5. 廣播 □ 6. 電視
□ 7. 親友推薦 □ 8. 其他＿＿＿＿＿＿＿＿＿＿＿＿＿＿＿＿

您通常以何種方式購書？

□ 1. 書店 □ 2. 網路 □ 3. 傳真訂購 □ 4. 郵局劃撥 □ 5. 其他＿＿＿＿

您喜歡閱讀那些類別的書籍？

□ 1. 財經商業 □ 2. 自然科學 □ 3. 歷史 □ 4. 法律 □ 5. 文學
□ 6. 休閒旅遊 □ 7. 小說 □ 8. 人物傳記 □ 9. 生活、勵志 □ 10. 其他

對我們的建議：＿＿＿＿＿＿＿＿＿＿＿＿＿＿＿＿＿＿＿＿＿＿＿

＿＿＿＿＿＿＿＿＿＿＿＿＿＿＿＿＿＿＿＿＿＿＿＿＿＿＿＿

＿＿＿＿＿＿＿＿＿＿＿＿＿＿＿＿＿＿＿＿＿＿＿＿＿＿＿＿

請於此處用膠水黏貼